香江哲学丛书
丛书主编 黄 勇 王庆节

两种自由的追求

庄子与萨特

刘笑敢 著

Two Pursuits of Freedom

Zhuangzi and Sartre

中国出版集团
东方出版中心

图书在版编目(CIP)数据

两种自由的追求：庄子与萨特 / 刘笑敢著.
上海：东方出版中心, 2025. 4. -- (香江哲学丛书 /
黄勇, 王庆节主编). -- ISBN 978-7-5473-2610-7

Ⅰ. B223.05; B565.53

中国国家版本馆 CIP 数据核字第 202554QL09 号

两种自由的追求： 庄子与萨特

著　　者　刘笑敢
丛书策划　刘佩英
责任编辑　肖春茂
封面设计　周伟伟

出 版 人　陈义望
出版发行　东方出版中心
地　　址　上海市仙霞路 345 号
邮政编码　200336
电　　话　021-62417400
印 刷 者　山东韵杰文化科技有限公司

开　　本　890mm×1240mm　1/32
印　　张　4.375
字　　数　80 千字
版　　次　2025 年 5 月第 1 版
印　　次　2025 年 5 月第 1 次印刷
定　　价　49.80 元

版权所有　侵权必究
如图书有印装质量问题，请寄回本社出版部调换或拨打021-62597596联系。

总　序

《香江哲学丛书》主要集录中国香港学者的作品,兼及部分在香港接受博士阶段哲学教育而目前不在香港从事哲学教学和研究的学者的作品,同时也集录与香港邻近并在文化上与香港接近的澳门若干大学哲学学者的著作。

相对于内地的城市来说,香港及澳门哲学群体较小。在由香港政府直接资助的八所大学中,实际上只有香港中文大学、香港大学、香港浸会大学和岭南大学有独立的哲学系;香港科技大学的哲学学科是其人文社会科学学院中人文学部的一个部分,而香港城市大学的哲学学科则在政治学和行政管理系;另外两所大学——香港理工大学和香港教育大学,虽然也有一些从事哲学教学和研究的学者,但大多在通识教育中心等。而且即使是这几个独立的哲学系,跟国内一些著名大学的哲学院系动辄六七十、七八十个教员相比,规模也普遍较小。香港中文大学的哲学系在全港规模最大，教授职称（包括正教授、副教授和助理教授）的职员也只有十四人，即使加上几位全职的高级讲师，也不到二十人。岭南大学是另一个有十位以上哲学教授的大学，其他几所大学的哲学教授的数量都是个位数。相应地，研究生的规模也不大。还是以规模最大的香港中文大学为例，硕士和博士项目每年招生加起来就是十个人左右，其他学校则要少很多。

当然这并不表示哲学在香港不发达。即使就规模来说，虽然跟内地的大学无法比，但香港各高校的哲学系在国际上看则并不小。即使是在（至少是某种意义上）当今哲学最繁荣的美国，除了少数几个天主教大学外（因其要求全校的每个学生修两门哲学课，因此需要较多的教师教哲学），几乎没有一个大学的哲学系，包括哈佛、耶鲁、普林斯顿、哥伦比亚等常青藤联盟名校成员，也包括各种哲学排名榜上几乎每年都位列全世界前三名的匹兹堡大学、纽约大学和罗格斯大学，有超过二十位教授、每年招收研究生超过十位的，这说明一个地区哲学的繁荣与否和从事哲学研究与教学的人数多寡没有直接的关系。事实上，在上述一些大学及其系科的世界排名中，香港各大学哲学系的排名也都不低。在最近三年的QS世界大学学科排名中，香港中文大学哲学系都名列亚洲第一（世界范围内，2017年排30名，2018年排34名，2019年排28名）。当然，这样的排名具有很大程度的主观性、随意性和多变性，不应过于重视，但至少从一个侧面也反映出某些实际状况，因而也不应完全忽略。

香港哲学的一个显著特点，同其所在的城市一样，即国际化程度比较高。在香港各大学任教的哲学教授大多具有美国和欧洲各大学的博士学位；在哲学教授中有相当大一部分是非华人，其中香港大学和岭南大学哲学系的非华人教授人数甚至超过了华人教授，而在华人教授中既有香港本地的，也有来自内地的；另外，世界各地著名的哲学教授也经常来访，特别是担任一些历史悠久且享誉甚高的讲席，如香港中文大学哲学系每个学期或至少每年为期一个月的唐君毅系列讲座，新亚书院一年一度的钱穆讲座、余英时讲座和新亚儒学讲座；在教学语言上，除香港中文大学的教授可以自由选择英文、普通话和粤语外，其他大学除特殊情况外一律用英文授课，这为来自世界各地的学生在香港就读，包括就读哲学提供了方便。但更能体现这种国际化的是香港哲学教授的研究课题与世界哲学界直接接轨。

香港哲学研究的哲学传统主要包括中国哲学、分析哲学和欧陆哲学，其中香港中文大学在这三个领域的研究较为均衡，香港大学和岭南大学以分析哲学为强，香港浸会大学侧重宗教哲学和应用伦理学，而香港科技大学和香港城市大学虽然哲学项目较小，但突出中国哲学，即使很多学者的研究是跨传统的。以中国哲学为例，钱穆、唐君毅和牟宗三等缔造的新亚儒学传统将中国哲学与世界哲学，特别是西方哲学传统连接了起来，并得到劳思光和刘述先先生的继承和发展。今日的香港应该是世界上

（能）用英语从事中国哲学研究的学者最多的一个地区，这些学者中包含那些主要从事分析哲学和欧陆哲学研究的，但也兼带研究中国哲学的学者。这就决定了香港的中国哲学研究大多具有比较哲学的特质：一方面从西方哲学的角度对中国哲学提出挑战，从而促进中国哲学的发展；而另一方面，则从中国哲学的角度对西方哲学提出问题，从而为西方哲学的发展作出贡献。相应地，香港学者对于分析哲学和欧陆哲学的研究，较之西方学者在这些领域的研究也有其特点和长处，因为他们在讨论西方哲学问题时有西方学者所没有的中国哲学传统可资利用。当然也有相当大一部分学者完全是在西方哲学传统中研究西方哲学，但即使在这样的研究方式上，香港哲学界的学者，通过他们在顶级哲学刊物发表的论文和在著名出版社出版的著作，可以与西方世界研究同样问题的学者直接对话、平等讨论。

香港哲学发达的另一个方面体现在其学院化与普及化的结合。很多大学的一些著名的系列哲学讲座，如香港中文大学新亚书院每年举办的钱穆讲座、余英时讲座、新亚儒学讲座都各自安排其中的一次讲座为公众讲座，在香港中央图书馆举行。香港一些大学的哲学教授每年还举办有一定主题的系列公众哲学讲座。在这些场合，往往都是座无虚席，到问答阶段，大家都争相提问或者发表意见。另外，还有一些大学开办自费的哲学硕士课程班，每年都有大量学生报名，这些都说明：香港浓厚的哲学氛围有很强的社会基础。

由于香港哲学家的大多数著作都以英文和一些欧洲语言出版，少量以中文出版的著作大多是在台湾和香港出版的，内地学者对香港哲学家的了解较少，本丛书就是要弥补这个缺陷。我们希望每年出版三到五本香港学者的哲学著作，细水长流，经过一定的时间，形成相当大的规模，为促进香港和内地哲学界的对话和交流作出贡献。

王庆节　黄勇

二〇一九年二月

前　言

　　庄子与萨特,一个生活在两千多年前的中国,一个生活在现代欧洲,把他们两个联系起来似乎有些突兀怪诞。然而,人类思想发展中令人奇怪的事情实在太多了,年代之遥往往挡不住某种悲剧的重演,路途之远常常隔不断某种呐喊的呼应,而在同时同地却可能有冰炭不相容、水火不同器的萧墙之门。在人类思想的发展中常有超越时空的对立或联系,常常是奇峰相峙,异彩纷呈,那么对人类思想的研究为什么一定要局限在同一地域或同一时代呢?为什么不能让我们的视野覆盖得更宽广一些呢?

　　比较哲学起步较晚,关于比较哲学(或曰哲学的比较研究)还缺乏足够的经验,关于哲学或哲学史中的比较研究的方法论更是未出襁褓,在这方面,比较文学的发展史及其理论倒是足资借鉴的。在比较文学中有两种基本的研究趋向和理论,一种是侧重于不同国度或民族间文学现象的历史渊源和相互影响的研究,如叔本华与王国维的美学,尼采对鲁迅的影响,等等;另一种是侧重于文学现象本身的形式与内容的异同关系的研究,如《梨俱吠陀》与《诗经》,《格萨尔王》与《荷马史诗》,等等。前者研究的是历史上实际存在的联系与影响,后者研究的则不一定是二者间实有的联系;前者侧重的是历史的线索,后者侧重的是美学的评价;前者可称作影响研究或交叉研究,后者可称作理论比较或平行研究。在比较文学的研究中,这二者是并行不悖、相得益彰的。

显然,在哲学方面的比较研究中也可以有类似的两种研究趋向,一种是有实际联系和影响的思想家或理论学说之间的比较研究,如老子与托尔斯泰,进化论与严复,等等,对于这种比较研究,学术界争议较少。另一种是没有历史联系的思想学说之间的比较研究,如老子与赫拉克利特,朱熹与康德,等等,对于这种研究,异议较多,最主要的看法就是"牵强附会"。然而是否牵强附会不在于研究对象之间是否真的有过某种交流,而在于所作的研究是否深入,是否中肯,是否确有所见。尽管在实践中这种研究会有许多失误之处,但在理论上、原则上,我们应该充分肯定这种平行的比较研究是合理的、可行的。由于哲学是一种更为抽象的理论,它与社会生活的联系还不像文学那样直接和具体,因而平行研究在哲学中就可能比在文学中更为重要,平行的理论比较就可能比相互影响的研究更有启发性,更有广阔的前景。

把庄子与萨特联系起来进行比较研究,这并不是什么新发明。我国研究存在主义的专家熊伟教授就多次讲到道家思想与存在主义有相通之处,他还讲到当年听海德格尔讲课时,许多西方学生都感到难以理解,而中国学生却能发出心领神会的微笑,原因就在于中国学生有老庄哲学的知识背景。熊教授还讲到海德格尔晚年曾和中国学者萧师毅共读《老子》,边读边译,颇有兴致,说明海德格尔也发现了自己思想与老子有印合之处。

日本学者福永光司曾写过一本书,名为《庄子:古代中国存在主义》①。该书不是对庄子思想与存在主义作客观的比较研究,而是从存在主义的角度理解和发挥庄子思想。作者说:"这是一本我所理解的庄子","是一种理解方法的表示而已"。"《庄子》本来是可以允许个人的理解和把握的方法的书,因为庄子所最排挤的是于我之外求唯一绝对权威,或作古人思想之奴隶,而庄子哲学的根本也是要人们各对自己的人生负责。"②福永光司对庄子和存在主义的理解是否正确可以姑且不管,他看到庄子哲学与存在主义有相通之处则是有启发意义的。

当然也有不同意见。我国香港学者孙隆基认为:"中西哲学比较研究中最大的一场误会,莫如把庄子哲学当作存在主义。诚然,庄子讥讽在世俗中奔忙之人,而认为自己的境界高于他

---

① 福永光司:《庄子:古代中国存在主义》,李君奭译,台北专心企业有限公司,1978年版。
② 福永光司:《庄子:古代中国存在主义》,第169页。

们。然而存在主义者之超越世俗,是认为必须从'跟大家一样'的情况中撤出,自我的'存在'才会浮现,至于庄子,则提倡用使自己不成材之方式去保住自己的'身体'。因此前者重灵魂,后者重身体,断然有云泥之别。"①孙氏认为庄子重身体而不重灵魂,显然是误解,庄子非常重视"游心",庄子的逍遥游就是对心灵自主与超脱的追求。然而孙氏指出庄子不等于存在主义者,庄子思想与存在主义有相反之处,这还是有所见的。

或曰庄子是中国古代的存在主义者,或曰庄子与存在主义者有根本不同,两种对立的观点都说明有必要对庄子与存在主义作一番比较深入的对比剖析。我们的研究将表明,庄子与存在主义既有相通之处,又有相反之处,然而不论是观点的相似或立场的对立,都会给我们以有益的启迪。比较研究不仅可以比较那些十分接近的思想学说,也可以比较在同一问题上的相反的态度。事实上,世界上不可能有完全相似的理论体系,在十分相似的学说之间进行比较也不一定有重要的理论意义,倒是那些貌似相同、实则相反的理论之间的比较研究更能激起我们的理论兴趣。

庄子与萨特是我们对道家哲学和存在主义进行比较研究的第一次尝试。庄子是继老子之后最主要的道家代表,萨特是后期存在主义的主要领袖;庄子与萨特都是颇有才华的一身而二

---

① 孙隆基:《中国文化的深层结构》,香港集贤社,1985年版。

任的哲学家和文学家,都善于用文学形式表达自己的哲学观点;他们都是反传统的思想家,都敢于面对习惯势力标新立异;他们都对社会现实有深刻的观察和强烈的不满,都对自己所处的社会中的丑恶现象有猛烈抨击或痛切揭露;他们都保持着知识分子清高孤傲的气节,蔑视权贵与名利,拒绝与统治者合作;他们都以个人如何生存的问题为哲学思想的核心,都以个人的自由为哲学理论的第一要义和人生的最高目标;同时他们也都宣传了许多消极、错误和荒谬的理论观点。这说明对庄子与萨特进行比较研究不仅是可能的,而且是必要的,是有意义的。

这本小册子分为上下两编。上编是为下编作准备的,是对庄子与萨特的较为概括的对比研究,包括个人生平、文学贡献、哲学体系之各方面的纲要式的比较。由于篇幅所限,每一部分都未能充分展开,或是走马观花式的概述,或是管中窥豹式的以一二例作论证,以求初次接触这些问题的读者对庄子与萨特有一大致的了解。下编重点对比研究庄子与萨特的自由观,比较二者的相似之处和根本不同,以及二者与马克思主义的自由观的异同关系,总结庄子与萨特在自由观上的所见与所失,以期对于有关自由问题的研究有所裨益。愿望虽好,但难免举措失当,言不尽意,不妥之处希望得到专家与同好的批评指正。

笔者的专业是中国哲学史,搞中外哲学的比较研究仅是偶或为之,最初的动机不过是为了澄清中国哲学史研究中的一些问题,后来受熊伟先生的启发,开始注意道家哲学与存在主义的异同问题。我对庄子与萨特进行比较的第一篇论文完成于一九八三年春天，该文曾由北京大学外国哲学研究所的一位老师交熊伟先生审阅，熊先生旋即复信，称该文"主题思想适时而不多见，不随俗，不冲动，有见地，能中肯"，这对我继续进行道家哲学与存在主义的比较研究是重要的鼓励，否则或许就不会有今天这本小册子了。这次写作前又向熊伟先生谈了我的主要观点和基本构思，也得到了熊先生的首肯和点拨。这次写作还得到了陈鼓应先生、焦树安先生和王炜先生的关心和帮助，他们或提供书籍资料，或评论指点，使我获益匪浅，这都是应该深致谢意的。至于这本小册子的不足之处和没有完成的任务，只好俟诸他日。

刘笑敢
一九八六年冬于北京安定门外

目 录

总序 .... *i*
前言 .... *vii*

上编　概述篇 *1*
　第一节　在动荡中沉思 *3*
　第二节　思想的文学翅膀 *13*
　第三节　反传统的哲学 *28*

下编　自由篇 *47*
　第四节　两种不同的自由 *49*
　第五节　相似的个人追求 *66*
　第六节　两种理论的得失 *79*

后记 *91*
　人生难测　自由难求 *91*
附记 *118*

再版后记 *121*

上编

概述篇

第一节

在动荡中沉思

庄子和萨特的思想都是特定时代的产物,是在社会的动荡变化中沉思的结果。

为了使读者对庄子与萨特有一个较为全面的印象和了解,在剖析庄子与萨特的思想以前,有必要对庄子与萨特生活的时代背景、个人遭遇和政治态度作一概括介绍。

(一)

庄子与萨特都诞生在动荡不安的社会摇篮之中,亲身经历了许多大战乱,目睹了许多大变革,这对他们的思想发展方向有重要影响。

庄子生活于战国中期,这是中国古代社会大动荡、大战乱、大转变的时代。对这一转变的性质,学术界尚有争议,但这是进步中的大动乱,学术界是没有异议的。这时周天子的威信扫地殆尽,各国诸侯相继争王称霸。如魏惠王与齐威王先互尊为王,秦惠文王又继而称王,接着齐湣王与秦昭王又共约称帝。这时战争也愈演愈烈,动辄出兵十万数十万,一次战役短则数月,长则可以"旷日持久数岁"。战争也更加残酷,一次战争中被斩首的士卒可多达数万或数十万,正是"争地以战,杀人盈野;争城以战,杀人盈城"。战争还日益频繁,如公元前三五四年,魏攻赵,围邯郸,次年魏攻陷邯郸,而齐又胜魏于桂陵;公元前三四三年,魏攻韩,齐击魏救韩;公元前三三三年前后,秦屡次攻魏;公元前三一八年,魏发起"合纵"攻秦;公元前三一六、三一五年,秦灭蜀并屡侵赵地;公元前三一五年,齐取燕;公元前三一四年,秦败韩军;公元前三一二年,秦楚大战;公元前三○八年,秦又侵占韩城;公元前三○一年,齐率韩、魏攻楚;公元前二九六年,齐发起"合纵"攻秦;公元前二八六年,齐灭宋;公元前二八四年,燕联合三晋等国败齐……

总之,这是社会动荡不安、战祸连绵不断的年代。在这样的社会背景下,庄子感到的是动乱剥夺了人的自主性;到处是无可奈何的现实,在动乱中如何全生保身,如何获得个人的精神自由,如何保持生命的价值,这便成了庄子所思考的中心问题。

萨特生活于二十世纪初叶和中叶,在他生活的七十五年(一九○五——一九八○)中,也经历了许多战乱和事变。在他十几岁的时候,第一次世界大战爆发,西线战场就在法国境内,仅凡尔登大会战就使交战双方各损失数十万人,这种大规模的流血厮杀被称为"凡尔登绞肉机"。在萨特进入中年之时,第二次世界大战又爆发了,法国在战争初期就被德军占领。萨特本人曾应征入伍,后被德军逮捕,过了十个月的战俘生活。第二次世界大战使人类蒙受重大损失,数千万人丧生,许多城市被夷为废墟。接着又是朝鲜战争、越南战争、阿尔及利亚战争,以色列与阿拉伯世界的战争,然后又有苏军入侵捷克、阿富汗。在萨特的一生中,战争的烽烟始终没有绝迹。

战争与动乱对萨特的思想有重要影响。萨特回忆说:"一九三九年九月份的一天,我接到应征令,不得不到南锡兵营报到,跟那些素不相识、像我一样被动员入伍的人混在一起。这一下,'社会'的意识印入了我的头脑,我突然明白,自己是一个社会动物:从原先所在的地方,在亲友熟人之间,给强行拉走,火车把我载到我并不想去的地方,周围的伙伴并不比我更想去,也跟我一样是平民百姓,也跟我一样在纳闷怎么会落到这步田地。""其次,我也是在战争里体会到社会秩序和民主社会的。……在战争中,我从战前的个人主义和纯粹个人转向社会,转向社会主义。这是我生活中真正的转折点:战前和战后。"[①]社会的动荡把人变成了无足轻重的草芥,个人与社会的关系问题凸显在萨

---

① 《七十岁自画像》,见柳鸣九编选:《萨特研究》,中国社会科学出版社,1981年版,第91—92页。

特面前：人是怎样存在的，人应该怎样获得自由，个人的命运是由什么来决定的……这一系列问题便成了萨特哲学的重要内容。

（二）

庄子与萨特都曾经赢得过很高的声誉，似乎他们是生活的幸运儿，然而事实上，他们的生活道路都是坎坷不平的，都有过不幸的遭遇。这使得他们的思想不是浮在生活的表层，不是在世俗的或现实的层面上徘徊，而是深入到社会、历史、人生的底蕴之中，获得了独特的体验，产生了独到的见解。

庄子的生平资料很少，据《史记》记载，他曾作过蒙这个地方的管理漆树园的小吏，其地位在政府官员中应该是很低的，大概只是国家的一般工作人员。庄子作漆园吏时一定比较悠闲，这使他有机会读书、漫游、观察、遐想，使他能够广泛地接触大自然，广泛地接触社会生活的各个层面，使他对社会的统治阶层和被统治者都有相当的观察和了解。

庄子的生活一直比较拮据。《庄子·山木》篇记载他见魏王时还穿着带补丁的粗布衣服，用带子系着破鞋，并直言不讳地承认自己："衣弊履穿，贫也。"《列御寇》篇也提到庄子"处穷闾陋巷，困窘织履，槁项黄馘"，说明他曾以编草鞋为生，居处破陋，面黄肌瘦，生活窘迫。另外据《外物》篇记载："庄周家贫，故往贷粟于监河侯。"贷粟即借口粮。需借米下锅,可见其生活之贫寒。监河侯却狡猾地说,好吧,等我收来了采邑的税金,就借给你大一笔钱,怎么样?于是庄周"忿然作色"说:我昨天来的时候,听到有人在路中呼叫,回头一看,原来是车辙中的一条鲫鱼,它让我给它一点儿水救它活命;我说,好吧,"我且南游吴越之王,邀西江之水而迎子,可乎?"鲫鱼非常生气,它说:"君乃言此,曾不如早索我于枯鱼之肆!"这些记载未必可靠,但从中也可大体看到庄子的生活经历和遭遇。

关于萨特的生平有许多详细的记载。萨特自己说过:"我出人头地,但并无天才,大概一切均来自我的长期的耐心和不幸。"[1]的确,在萨特的一生中,特别是他的前半生中有许多不幸的遭遇。他两岁丧父,三岁时右眼因患病而斜视,继而失明;十一岁时母亲改嫁,更使萨特十分不快,情绪颇受影响。接着他与继父共同生活了三四年,然而他们两个脾气很不相投,据萨特自己说,他搞哲学正是为了跟继父顶嘴,因为继父希望他朝数理方面发展。战争也是萨特研究哲学的重要原因,他说:"哲学在我生活中,足以克制战争带来的忧患、阴郁和悲苦的情绪。现在,我不想用哲学来保护自己,那是卑劣的,也不想使生活适应我的哲学,那又何其迂腐。但真的,生活和哲学在我身上成为密不可分的了。"[2]

---

[1] 转引自莫洛亚:《论让-保尔·萨特》,见《萨特研究》,第308—309页。
[2] 《萨特日记》,转引自《萨特研究》,第411页。

萨特的哲学著作和他的小说、剧本为他赢得极高的声望,战争结束后,他已成为著名的哲学家和文学家,从此他威望越来越高,远不像庄子晚年那样穷困潦倒。但萨特的奋斗目标并不仅是个人的荣誉或安逸,他不断地"干预生活",他既不可能做帝国主义和资产阶级的御用文人,也不愿意完全倒向以苏联为代表的共产党一边。他既有宣布自己作为一个资产阶级分子与本阶级决裂的行为,对帝国主义、殖民主义进行过坚决的斗争,又以共产党的"同路人"的身份企图修正和补充马克思主义,批评共产党人的一些做法。所以他一方面受到过警察的拘禁,被秘密军队组织炸毁过公寓,另一方面也被当时的一些共产党人指责为"难于索解的哲学家,令人恶心的小说家,引起公愤的剧作家,第三势力的政客"和"帝国主义的走狗"。萨特的生活道路也是曲折而坎坷的。

(三)

庄子与萨特都有着知识分子的孤傲气节,他们不趋炎附势,不粉饰现实,也不是只对现实作肤浅的批评或仅仅发泄一下个人的不满,他们对现实都有深刻的洞见和分析,对统治阶级、黑暗势力、强权主义都有一定的揭露、讽刺或批判。

庄子给人的印象常常是随波逐流,但随波逐流只是表面现象,在一定意义上我们可以说,随波逐流恰恰是他保持超然独立、不受他人主宰的一种特殊方式。在保持人格独立的根本立场上,他并不随波逐流。据《史记》记载,楚威王听到庄子的贤德以后,曾派人带着贵重的礼物去聘请他做宰相,庄子却说:"子亟去,无污我,我宁游戏污渎之中自快,无为有国者所羁,终身不仕,以快吾志焉。"《庄子·秋水》篇中也有类似的记载,这些记载也不是信史,但反映了庄子的生活态度和政治立场。在庄子看来,个人的自由快乐远比权力、地位、财富更为重要。

庄子不仅拒绝与统治者合作,而且痛恨、厌恶、鄙视统治阶级。《庄子·列御寇》记载有人以宋王所赐的车向庄子炫耀,庄子却给他讲了这样一个故事:"河上有家贫恃纬萧(编苇织品)而食者,其子没于渊,得千金之珠。其父谓其子曰:取石来锻之!夫千金之珠,必在九重之渊而骊龙颔下,子能得珠者,必遭其睡也,使骊龙而寤,子尚奚微之有哉!"接着庄子说道:"今宋国之深,非直九重之渊也;宋王之猛,非直骊龙也;子能得车者,必遭其睡也,使宋王而寤,子为齑粉夫!"宋国如九重之渊,宋王如骊龙之凶,这是庄子对统治者本质的清醒认识和尖刻的揭露。《史记·宋世家》也说宋王偃"淫于酒妇人,群臣谏者辄射之",可见庄子所说并非虚妄之言。庄子对于领受赏赐的统治阶级的帮闲尤为鄙夷。曹商为宋王使秦,得到重赏,他以此来傲视庄子,庄子便说:"秦王有病召医,破痈溃痤者得车一乘,舐痔者得车五乘,所治愈下,得车愈多,子岂治其痔邪,何得车之多也?"(《庄子·列御寇》)骂宋王的使者为舐痔者,这是何等无情的鞭笞。

萨特没有庄子那种随顺世俗的外表,他自称是"教授共和国里的自由派知识分子",对任何政治势力或思想理论都不盲从,不屈服。他说:"我在这场争斗中(指二次世界大战——引者按)将特立独行,决不追随任何人,别人愿意跟我,那就听便。"①萨特有强烈的社会责任感,他说"战争使我懂得必须干预生活",他认为"写作意在揭露,揭露为了改变"。他的小说、剧本,如《恶心》《墙》《间隔》《肮脏的手》《毕恭毕敬的妓女》等都是著名的揭露性、批判性的作品,他的政论、演讲也充满了对帝国主义、法西斯主义、殖民主义的谴责和批判。他的鲜明的斗争性常常使统治者恼火。他明确宣布:"这个社会是不道德的,它不是为了人,而是为了利润而建立的,因此,就应该彻底改变它。"②他从一个自由派知识分子的良心出发,终生都在为人类的和平与进步、人性的自由与自主而写作、奔走、呼吁。这种强烈的社会责任感使萨特终身不得安逸,他反对法西斯的侵略战争,反对印度支那战争,反对阿尔及利亚战争,反对美国侵略越南,反对苏联出兵匈牙利,反对帝国主义的冷战政策和殖民政策。

责任感与正义感也使萨特陷入过迷茫与苦恼,使他感到无所适从。他揭发和反对苏联设置劳改集中营,又反对美帝国主义的侵朝战争,因此他常被夹在亲美势力与亲苏势力之间,左右为难。正如他的终身伴侣西蒙娜·德·波伏娃所说:"美国方面

---

① 《萨特致友人的信》,转引自《萨特研究》,第42页。
② 《编选者序》,转引自《萨特研究》,第15页。

寡廉鲜耻,共产党又那么偏执狂热,不知世界上还给我们留下什么容身之地。"①

萨特拒绝与统治者合作,也拒绝来自官方的荣誉。他得知自己被提名为诺贝尔文学奖候选人时,曾写信婉言谢绝。在瑞典皇家学院正式颁布授奖决定的当天晚上,萨特就宣布拒绝接受这项奖金,他说:"我的拒绝并不是什么仓促的突然行动,我一向拒绝一切来自官方的荣誉。"萨特对待名利的态度不仅表明了他个人的气节与情操,也反映了他鲜明的政治立场。他说:"我知道诺贝尔奖金本身并不是西方集团的奖金,但现在人为的成了这样一种奖金……客观上成为一种保留给西方作家和东方叛逆的荣誉。"后来他还说道:"如果我接受了诺贝尔奖,或许就给收买了。"②从不同的角度出发,我们可以对萨特的政治立场和言论作出各种评价或批判,但萨特的知识分子的气节和强烈的正义感则是无可厚非的。

总之,庄子与萨特的思想都是特定时代的产物,是在社会的动荡变化中沉思的结果。社会在大动荡、大变革的时代让平时在正常秩序中表现不明显、不尖锐的矛盾冲突凸显在每个人面前,而思想家和哲学家则对这些问题作出了自己的系统的回答。这些回答未必完全正确,但只要其中有一部分内容切中了时代的脉搏,就会激起一代人的广泛反响,给下一代人的继续探索留

---

① 《萨特年表》,见《萨特研究》,第417页。
② 《萨特年表》,见《萨特研究》,第422页。

下重要的课题。个人的经历也是促使思想家对社会问题反思的催化剂,一个乞丐决不会替国王谋划长治久安的方策,一个官运亨通的"天之骄子"也决不会为在生活激流中浮沉呻吟的平民构造自我解脱的思想体系。庄子与萨特的生活年代、社会背景有极大不同,但他们都代表了社会下层(庄子)或社会中层(萨特)的知识分子在社会现实生活中找不到出路却又非要发现一条小路的痛苦探索,他们没有自以为绝对正确的世界观作指导,他们也没有找到真正的出路,但他们的探索的确留给我们一些有益的启发——正面的或反面的。

第二节
思想的文学翅膀

庄子的《齐物论》以哲学思辨为主,《逍遥游》则以艺术形象为主;但《齐物论》中也有形象,《逍遥游》中也有哲理,二者达到了圆满的结合。萨特能自觉地区分哲学与文学两种表现形式,但他又成功地借用文学形式宣传和阐释了他的哲学思想。

非常的时代造就了非凡的思想家,非凡的思想家总要以自己特有的方式影响自己的时代。庄子、萨特与其他许多思想家、哲学家的一个重要不同之处就在于他们善于给自己的思想安上文学的翅膀,使他们在动荡中的沉思更容易激起生活的浪花,使他们对现实的感受更容易引起社会的回响或共鸣。如果我们仅对作为哲学家、思想家的庄子和萨特有所了解,对于作为文学巨匠的庄子和萨特毫无所知,那么我们对庄子和萨特就不可能有全面的认识和评价,因而这里还有必要对庄子与萨特的文学贡献略作介绍。

（一）

庄子与萨特都是自己所处的那个时代的一种文学创作思潮或风格的代表人物，他们的作品和方法影响了一代人（萨特）或多少代人（庄子），他们在文学史上的地位并不比他们在哲学史上的地位低，他们各自在本民族的文学史上留下了不可磨灭的印记。

庄子是中国古代第一个浪漫主义文学家，我们甚至可以说他是中国文学史上浪漫主义风格的鼻祖。浪漫主义（romanticism）一词来源于欧洲中世纪用由拉丁文演变而来的各国方言（roman）所写的"浪漫传奇"（romance），也就是当时欧洲所流行的骑士传奇、英雄史诗和抒情诗。浪漫主义的创作倾向由来已久，但形成一种文艺思潮则是在欧洲的十八世纪后半叶和十九世纪的前半叶。浪漫主义最突出最本质的特征是它的主观性，即侧重从内心世界出发，表达对理想世界的热烈追求，抒发个人的强烈感情。其次，浪漫主义作家注意从民间文学中吸收创作营养，喜欢描写对大自然的美好感受，借以抒发自己愤世嫉俗的情感和对自由的热切向往。在创作手法上，浪漫主义作家喜欢用热情奔放的语言、瑰丽的想象和夸张的手法塑造形象，喜欢追求强烈的美丑对比和出奇制胜的艺术效果[①]。用这些欧洲近代的浪漫主义思潮主要特点来衡量庄子,我们就会发现庄子的确是当之无愧的浪漫主义大师。

翻开《庄子》第一篇,我们看到的就是一个恢宏奇异、排空翱翔的艺术形象:"北冥有鱼,其名为鲲。鲲之大,不知其几千里也。化而为鸟,其名为鹏。鹏之背,不知其几千里也;怒而飞,其翼若垂天之云。是鸟也,海运则将徙于南冥。南冥者,天池也……鹏之徙于南冥也,水击三千里,抟扶摇而上者九万里,去以六月息者也。"巨鲲之背不知有几千里,大鹏之翼若垂天之云,这是何等奇特的想象!击水三千里,腾空九万里,这是何等大胆的夸张!这想象和夸张,不正寄托了庄子冲破狭小和封闭的氛围,进入无遮无碍的自由天地的强烈愿望吗?这不是对理想世界的热切追求吗?这不是个人情感的奔腾宣泄吗?这不是真正的浪漫主义吗?

像这样富于浪漫色彩的段落在《庄子》书中是很多的。如《德充符》借鲁哀公之口讲了个奇丑之人哀骀它的故事:"卫有恶人焉,曰哀骀它。丈夫与之处者,思而不能去也。妇人见之,请于父母曰'与为人妻宁为夫子妾'者,十数而未止也。……无君人之位以济乎人之死,无聚禄以望人之腹。又以恶骇天下,和而不唱,知不出乎四域,且而雌雄合乎前,是必有异乎人者也。寡人召而观之,果以恶骇天下。与寡人处,不至以月数,而寡人有

[①] 参见《中国大百科全书·外国文学》,中国大百科全书出版社,1982 年版,第 586—589 页。

意乎其为人也；不至乎期年，而寡人信之。国无宰，寡人传国焉。闷然而后应，泛而若辞。寡人丑乎，卒授之国。无几何也，去寡人而行，寡人恤焉若有亡也，若无与乐是国也。"哀骀它容貌奇丑（此处"恶"为丑意），使天下惊骇，但他却对人有巨大的吸引力，以至于很多女人宁愿给他做妾也不愿做别人的妻子；他无权无势，不能济人之死，不能饱人之腹，却赢得男男女女的倾慕之心，以至于一国之君也自惭形秽，宁愿以国相赠。这是何等的想象，何等的夸张，何等强烈的对比！最丑陋的外貌中容纳了最淳朴的心灵，骇俗之丑的形体却成为不可思议的精神魅力的化身，这种灵与肉、美与丑的鲜明对照与奇妙结合很容易使我们想到雨果在《巴黎圣母院》中所刻画的畸形的撞钟人卡西莫多，这不是很好的浪漫主义吗？

过去人们虽然不得不承认庄子作品中有浪漫主义，却硬要在前面加上"消极"二字，这是在"左"的思想统治下不敢对庄子有所肯定的表现，是在哲学上对庄子全盘否定的反映。事实上，把浪漫主义分为消极浪漫主义与积极浪漫主义并没有多少根据。如果浪漫主义要分成积极与消极两种，那么现实主义是不是也要分成积极现实主义与消极现实主义呢？积极与消极，这是思想内容、生活态度方面的问题；浪漫主义与现实主义，这是艺术风格和创作方法的问题，这两方面的概念是不应混淆在一起的。过去讲到中国古代的浪漫主义多以屈原为例，但屈原的年代要比庄子略晚，而且屈原的浪漫主义仅限于诗歌方面，其比喻之丰富、想象之大胆、形象之完整等方面也未必能与庄子相媲美,因而我们应该肯定庄子在中国文学史上的浪漫主义的最早代表的地位。当然,因为篇幅所限,这里也不可能对庄子的文学成就作全面的论述。

萨特在欧洲文学史上的突出成就是把存在主义哲学引入了文学创作之中,引导了一股新的、有过广泛影响的文学创作思潮,如果说历史上曾经有过存在主义的文学流派,那么萨特就是这一流派的领袖。在萨特之前,法国哲学家和剧作家加布里埃尔·马塞尔第一次把克尔凯郭尔的学说介绍到法国,在法国创立了基督教存在主义文学。这种文学表现出超验的、神秘的宗教色彩,描写了灵魂和肉体的冲突、灵魂的再现,在绝望时吁求上帝的恩典,剧中人物大多是忧郁型的悲剧角色[1]。马塞尔的学说和文学创作影响较小,如果没有后来萨特的文学创作活动,就很难形成有广泛影响的存在主义文学思潮。

作为文学家的萨特与作为文学家的庄子有许多不同。庄子因为对现实不满而主张超脱现实,逃避现实,萨特却主张干预社会现实,改造社会现实,他提倡"介入文学"或献身文学,即要求作家投身于改造社会的活动中去,对各种政治事件和社会问题表明自己的见解。在创作方法上,萨特主张写实,不讲究艺术雕琢和浮华的辞藻,但求文学质朴自然,较少浪漫气息。此外,庄

---

[1] 参见《中国大百科全书·外国文学》,第204页。

子的作品主要是散文、寓言、故事,而萨特的作品则包括小说、戏剧、文学评论等等。在庄子的时代,文学与哲学尚未正式分家,庄子是以文学的形式写哲学,哲学与文学几乎融为一体,其优点是引人入胜,耐人寻味,缺点则是概念含混,有歧义性和多义性。萨特则是熟练地分别使用着文学与哲学两种武器。萨特明白,在哲学上,每句话都只应该有一个意思,即要求概念的清晰准确,而在文学上,则要求语言内容含蓄而丰富,以便读者联想、咀嚼和回味。当然,在萨特那里,文学与哲学有时也有些"粘连",在哲学中使用了文学性语言,或在小说、戏剧中过多地强调了哲理,但总体来看,萨特的文学作品与哲学著作区分得还是很清楚的。

萨特一生著作甚丰,并获得了很高的成就。他的成名之作,中篇小说《恶心》,包括《墙》《房间》《艾罗斯特拉特》《密友》《一个工厂主人的童年》的短篇小说集,包括《懂事的年龄》《延缓》《心灵之死》三部的长篇小说《自由之路》,都已被公认为法国当代文学名著。萨特在戏剧方面似乎更有成就,他创作的剧本包括《间隔》《死无葬身之地》《毕恭毕敬的妓女》《肮脏的手》《魔鬼与上帝》《涅克拉索夫》《阿尔托纳的隐藏者》等,数量虽然不很多,但在社会上影响很大,其中《苍蝇》《间隔》等作品在法国戏剧中占有重要地位。萨特还写过《波德莱尔》《谢奈》和《福楼拜》三部著名的文学评传,以及《什么是文学》等许多评论文章。萨特还写过许多政治文章,编成的文集《境况种种》有十卷之多。至于他的哲学著作《存在与虚无》《想象》《辩证理性批判》《方法论若干问题》《存在主义是一种人道主义》等更是为人所熟知,是研究二十世纪欧洲哲学思想演变的重要资料。

萨特开创了无神论的存在主义文学,宣传上帝并不存在,强调人的存在先于本质,主张人自己对自己负责,反对顺从现实,提倡人道主义。他在文学作品中极力描绘现实世界与人生的荒诞性,否定理性至上的乐观精神,他剖析人的忧虑和绝望等感受,却要求人们为掌握自己的命运而选择、奋斗。他早期的作品《恶心》描绘了主人翁在现实生活中感受到的空虚、荒诞和忧郁、压抑。一切都是引人反感的,一切都是微不足道的。"存在不是必要的。""存在的东西出现着,彼此相逐相逢。但人们永远不能解释他们……这公园,这城市,以及我本身,一切都是无谓的。当意识到这些时,心里就翻腾,一切都在你面前浮动起来,于是你就想呕吐,这就是恶心。"[1]这反映了存在主义文学的基本情绪和格调。

萨特的剧本《苍蝇》,是一个充满隐喻性和暗示性的悲剧,强调人们自己掌握选择权,隐含着对法西斯侵略的反抗,因而曾遭到禁演。萨特的《毕恭毕敬的妓女》则鲜明地反对黑暗的种族歧视政策,对被侮辱被压迫的妓女和黑人表示了同情,反映了萨特的人道主义立场。萨特的《肮脏的手》《死无葬身之地》等剧本则

---

[1] 转引自《萨特研究》,第318页。

强调了道德与行动、目的与手段、生存自由与生存条件之间的矛盾冲突,表现了理想与现实的对立。

萨特的思想和创作活动影响了不少作家。阿尔贝·加缪并不承认自己是存在主义作家,但他作品的基调和气质显然与萨特一致,因而也被列入存在主义作家之列。萨特的伴侣——女作家波伏娃,也是有成就的存在主义作家,她更受到萨特的长期影响。此外还有一些法国作家虽不完全属于存在主义流派,但他们也深受萨特的存在主义理论和作品的熏染,在作品中也表现出了存在主义风格。在秘鲁、日本、印度等国都有一些具有明显的存在主义倾向的作家。在美国和意大利也有一些作家的创作曾表现出存在主义的某些特征。[1] 如果说这些确实构成了存在主义的创作思潮,那么这种思潮和萨特的名字则是密不可分的。

(二)

中国古代有"文以载道"的说法,强调文学是思想的载体,思想以文学为媒介。这句话用在庄子和萨特身上就是"文学以哲学为灵魂,哲学以文学为翅膀"。把哲学与文学结合起来是很困难的,因为过多的哲理意识会把文学作品搞得晦涩枯燥起来,而

---

[1] 参见《中国大百科全书·外国文学》,第205页。

较多的文学色彩也会把哲学著作引向华而不实的浮泛之路。然而庄子和萨特毕竟高人一等,他们用文学与哲学两支笔都能挥洒自如。庄子的《齐物论》以哲理思辨为主,《逍遥游》则以艺术形象为主,但《齐物论》中也有形象,《逍遥游》中也有哲理,二者达到了圆满的结合。萨特能自觉地区分哲学与文学两种表现形式,但他又成功地借用文学形式宣传和阐释了他的哲学思想。可以说,没有萨特的哲学,他的小说和戏剧就不会产生那样震撼人心的力量;而没有萨特的文学,他的哲学著作也不会引起那样广泛的注意。

现在我们来看看庄子是怎样以浪漫主义的文学手法来表达他的哲学思想的。上面提到的鲲鹏的寓言反映了庄子哲学追求精神自由的基本趋向,寄托了庄子的人生理想。关于丑人哀骀它的寓言则反映了庄子的价值标准和审美标准,是庄子超凡脱俗的道德哲学。现在我们再来看看著名的庄周梦蝶的故事。

"昔者庄周梦为蝴蝶,栩栩然蝴蝶也,自喻适志与!不知周也。俄然觉,则蘧蘧然周也。不知周之梦为蝴蝶与,蝴蝶之梦为周与?周与蝴蝶,则必有分矣。此之谓物化。"(《庄子·齐物论》)梦而化为蝴蝶,怡然自得,醒后仍是庄周,确然无误,庄周与蝴蝶必有其分别,却无法辨别孰为梦、孰为真,这原因就在于万物自身的运动与变化,万化不已,因而梦醒难辨;就是这样一个近似于笑话的小故事中也包含着庄子的基本观点,并为庄子的整个思想体系提供了论证。第一,万物都在流变之中,这种流变是自然而然的，也是永不停顿的；第二，万物都在相互转化之中，人与物、梦与醒都可以相互转化；第三，因而人对万物的认识或把握是不可靠或不可能的；第四，因而人应该超脱于现实的世俗的生活，不应执着于是与非、善与恶等区别；第五，这样就可以达到内心的宁静，得到精神的解脱。

总之，庄周梦蝶的故事与庄子的哲学体系密切印合。在自然观上，庄周梦蝶的故事肯定了万物的运动与转化，但有把运动与转化绝对化的倾向，忽略或否定运动的相对静止或事物质的稳定性。在认识论上，庄周梦蝶的故事提出了对认识能力的怀疑和限制，有否定认识的必要性和可能性的趋向。在人生观上，庄周梦蝶的故事强调梦醒难分，有提倡超然于现实之外，追求精神解脱的倾向。

再来看看著名的"朝三暮四"的典故。现在一般人讲朝三暮四都是指反复无常的意思，这和庄子创作这一寓言的初衷是大相径庭的。《齐物论》中说："劳神明为一而不知其同也，谓之朝三。何谓朝三？狙公赋芧，曰：'朝三而暮四。'众狙皆怒。曰：'然则朝四而暮三。'众狙皆悦。名实未亏而喜怒为用，亦因是也。是以圣人和之以是非而休乎天钧，是之谓两行。"世界本来是齐一无别的，如果不懂得这一点（"不知其同"），而殚精竭虑地去证明世界之统一（"劳神明为一"），那就如同猴子不懂三加四等于四加三一样愚蠢了。所以真正有修养的人都不辨是非，一切因任自然之均衡（"休乎天钧"），这就是是非两可的态度。朝三暮四的寓言强调世界本来就是统一无别的,既不应辨异,也无须求同,一切矛盾、差别、争执都是不知其同的错误认识引起的。

朝三暮四的寓言与庄子的整个哲学体系也是密切联系、水乳交融的。从本体论的角度来讲,这一寓言强调万物本来就是无差别的,这正像三加四等于四加三一样,是完全相同的,所谓差别矛盾、好恶选择仅是人认识不到万物之同的结果,这就是庄子的"齐物"之论。从认识论的角度来看,这一寓言强调人们应该认识到三加四与四加三的本质是相同的,对三加四与四加三不应妄加分别,以万物如一的心态去观照世界,领悟到对认识对象分辨选择是毫无意义的,这就是庄子齐同"物论"的主张。从方法论的角度来说,这一寓言通过强调事物总体之为一或事物终极结果的相同,来抹杀事物现实状况的差别,这是一种抹杀矛盾的诡辩法。因为在事物总体情况或终极结果相同的时候,某些情况不必计较,某些情况却不得不计较,比如同样是十五天十五斤粮,是第一天给还是第十五天给就大不一样。从人生论的角度来看,这一寓言落脚于是非两可、因任自然的生活态度和处事原则,是通向精神自由超脱的必经之路。

以寓言故事来说明某种哲理,这并不始于庄子,但像庄子这样创作如此生动有趣、活泼浪漫的寓言故事,来表达如此丰富而复杂、新奇而脱俗的哲学思想的大手笔,在中国历史上的确是相当罕见的。

在西方,用文学形式来表达某种哲学思想的人是很多的,但在萨特这里,文学与哲学结合得更为密切,产生的影响更为广泛,这是因为他看到了非理性主义是难以靠逻辑体系来说明的,因而更自觉地运用了文学手法来表达他的哲学观点。波伏娃说:"世界上的人和事物,其特征是这样暧昧和晦暗,这样复杂多样,以致纯理智无法表现得适当公允,存在主义则试图从其完整性,把它们活生生的现实展现出来,这是企图达到哲学论述所不可能达到的表现上的直接性和独特性。"[①]在用小说、戏剧来介绍、宣传存在主义哲学方面,萨特等人的确获得了很大的成功。

萨特早年就写过一些小说和论文,但他的成名之作还是他的中篇小说《恶心》。这部小说与鲁迅的《狂人日记》一样,也是日记体、自传体,没有完整的故事情节,没有引人入胜的悬念,不过,《狂人日记》是理性主义的批判锋芒的曲折表现,而《恶心》则是非理性主义的主观感受的直接流露。

《恶心》的主人翁是一个叫安东纳·洛根丁的小知识分子,他在法国的一个海滨城市里研究一位十八世纪的侯爵的历史,这个城市里保存着关于这个侯爵的全部档案资料,他每天出入于图书馆,查阅档案书信,研究侯爵生平中的疑难问题,比如侯爵是否参加过一项谋杀活动等。他不知道为什么要进行这项研究,在研究中也没有得到任何快乐,他感到百无聊赖,或者靠咖啡馆老板娘来排除烦闷,或者靠在马路和公园闲逛来消磨时间。

---

① 转引自王克千等:《论萨特》,福建人民出版社,1985年版,第190页。

他经常想到他从前的情人安妮,但安妮已变得淡漠,并且也有了"厌恶"情绪,使他大失所望。他认识了一个自修者,但并不喜欢他。他常去找老板娘,但只是为了满足需要,并没有任何情感的成分。他陷入了孤独,感到了荒谬,似乎被"厌恶"紧紧抓住,无法摆脱。

洛根丁是一个典型的存在主义者,《恶心》便展示了他从一个普通人变为存在主义者的过程,这一过程是从开始感到恶心到完全被恶心包围淹没。"有一种变化在我身上发生,对于这一点我再也不能够怀疑了。""一大堆微小的变化在我的身上积累起来,我不加注意,然后有一天,就发生了真正的革命性的变化。""现在我觉到内心空虚。可是这还不是最糟的,最糟的是在我面前有一个体积庞大而乏味的观念,带着一种冷漠的态度安顿下来。我不十分知道这是什么,可是我不能够正视它,因为它太使我感到恶心。"这时的洛根丁仅仅开始有了恶心的感觉,以后他又感到孤独、苦恼、荒谬……有一次,他又去找咖啡馆老板娘,当他得知老板娘不在家时,马上产生了一种失望的感觉:"我在飘荡,我被迷雾似的灯光弄得头脑昏昏然……于是这时候'恶心'就抓住了我,我身不由己地落在长凳上,我简直不知道我在什么地方;我看见周围的颜色缓慢地环绕着我旋转,我想呕吐。就这样,从那时开始,'恶心'没有离开过我,它把我逮住了。"周围的一切都奇形怪状地呈现在他面前,后来他看到了掌柜的:"他的蓝布衬衫在咖啡色墙壁的背景上很快活地显现出来,这也产生'恶心'。或者不如说：这就是'恶心'。'恶心'并不在我身上，我觉得它在那边，在墙上，布吊带上，在我身边的一切事物上，它和咖啡馆已经合成一体，我是在它的里面。"[1]

在我们看来，洛根丁的"恶心"是晦涩的，甚至是莫名其妙的，但在萨特看来，这种感受却是最基本、最重要的，这种感受不仅是对资本主义社会的黑暗面的反感和揭露，更是萨特的存在主义现象学本体论的直接表现。萨特认为，世界统一于人的主观意识，而外在世界只是与人的意识相关而存在着的，或者说，世界只是作为意识的对象而存在的。萨特把外部世界叫作"自在"，把人的意识称作"自为"，"自为"规定着"自在"，而"恶心"就是对于"自为"的不断理解，这是一种个人无法安置又无法摆脱的枯燥的体验。这里所说的"恶心"不是通常意义的与生理性呕吐相关的恶心，而是一种哲学意义的"恶心"，是对于自我存在的体验或理解。通常的生理性的恶心是由环境或外界事物引起的，而萨特的"恶心"却是自发的，这种"恶心"可以引起生理性的恶心，而生理性的恶心却不能引起这种哲学意义的"恶心"。

萨特所说的"恶心"是体验到人生的孤寂、烦恼、荒谬的结果。"我是孤零零地活着，完全孤零零一个人。我永远也不跟任何人谈话；我不收受什么，也不给予什么。""我孤零零地在这一片快乐和正常的人声中。所有这些人把他们的时间花在互相解

---

[1] 译文出自郑永慧，见《萨特研究》，第 134—136、153、156 页。

释和庆幸他们的意见相同上。"①一般人都要寻找朋友,害怕自己与众人意见不同,而存在主义则要人们体验到自己的存在是孤寂的存在,上帝、社会、朋友都不能帮助或改变自己的存在,人们只能自己决定自己。萨特认为人的先验意识是根本的存在,而上帝、规律、必然都是不存在的,因此世界就充满了偶然,在这一堆偶然性中,人们就会感到荒谬和烦恼,引起"恶心"。"任何偶然性不是一种假像,不是一种可以被人消除的外表,它就是绝对,因而也是完全没有根据的。一切都是没有根据的,这所公园,这座城市和我自己,都是等到我发觉这一点以后,它就使你感到恶心,一切都像前几天在铁路饭店一样,开始飘荡;这就是'恶心'。"②

萨特通过洛根丁把存在主义对世界与人生的看法作了淋漓尽致的披露和形象具体的说明。萨特之所以重视"恶心"的感觉,是因为这意味着一个人意识到了自己的存在,意识到了自我意识的虚无,意识到了自己与他人和世界的分离,这样才能认识到只有自己才能对自己负责,只有自己才能决定自己的本质,这就引入了存在主义的基本理论:存在先于本质。萨特的其他小说或剧本也都从不同角度阐发了他的存在主义理论,这里就暂不介绍了,下面我们来讨论庄子和萨特的哲学思想。

---

① 《恶心》,转引自《萨特研究》,第137、140页。
② 《恶心》,转引自《论萨特》,第54页。

第三节

反传统的哲学

　　庄子和萨特都是反传统的哲学家。庄子剽剥儒墨,彻底否定了传统的哲学观念、道德观念和价值观念,大大丰富了老子奠基的道家思想。萨特彻底否定了历史悠久的理性主义传统,继承了胡塞尔的现象学和海德格尔的存在主义理论,把存在主义推到一个新阶段。庄子哲学有非理性主义倾向,萨特更是自觉的非理性主义者,他们之间似有一些共性。但是,在具体形态上,庄子与萨特的哲学又是全然不同的。在本体论上,庄子是从客观的"道"出发的,萨特是从主观的"我思"出发的;在矛盾观上,庄子是从承认矛盾的普遍性到夸大对立面的同一性最终陷入抹杀矛盾的诡辩的,萨特则从现象学立场出发,从否定中引出存在的一切辩证属性;在认识论上,庄子主要表现为怀疑主义和对"道"的直觉主义的体认,萨特则强调对"自在"的认识是原则上达不到的幻想,表现为不可知主义。这里我们仅对庄子和萨特的本体论、矛盾观、认识论作一概略的比较,至于他们的自由观,我将在下编中较为详细地进行剖析。

(一)

庄子之所以被称为道家,是因为他继承了老子的学说,把"道"当作产生天地万物的本源。在中国古代,宇宙论问题与本体论问题并没有明确的分别,道的概念不仅涉及了宇宙的起源问题,而且涉及了万物存在的根据问题,因此道不仅有宇宙论意义,而且有本体论意义。所谓宇宙论意义是说道"自本自根,未有天地,自古以固存,神鬼神帝,生天生地"(《庄子·大宗师》),道的概念回答了天地万物的起源问题,描述了世界从无到有产生与形成的过程。道的本体论意义是说道为"万物之所系,而一化之所待"(同上),庄子认为万物各有其存在的根据,万物之全体也有其存在的总根据,道为万物之所系、大化之所待,也就是说道是万物存在与变化的总根据。值得注意的是道不仅决定着自然界的日月星辰和帝王的功业("狶韦氏得之,以挈天地;伏戏氏得之,以袭气母;维斗得之,终古不忒;日月得之,终古不息"),而且决定着鬼神和上帝的作用,这就是道能"神鬼神帝",即能使鬼神和上帝产生神妙的作用,这说明道比鬼神更根本,是鬼神之神灵的依据。庄子很少讲到鬼神,这里虽提到鬼神,却明确把鬼神置于道的作用之下,这也反映了庄子哲学的无神论倾向。

道的一个重要特点是无条件性,道"自本自根",自己以自己为根本,没有任何其他的依凭,一切存在皆依存于道,道却不依存于任何别的存在。道是无须任何条件而独存的绝对实体。道又"自古以固存""先天地生而不为久,长于上古而不为老"(《庄子·大宗师》),这说明道是永恒的存在,无终始、无衰老、无变化,与时间共存,先、久、长、老等概念都不足以表达道之永恒。道又是无差别的混然一体的绝对,"道未始有封"(《庄子·齐物论》),"封"即封域、界限,"道未始有封"说明道是外无界限、内无差别的。《大宗师》还说道"在太极之先而不为高,在六极之下而不为深",表明道无上无下、无高无深、无先无后、无内无外,既无空间之界限,亦无时间之阶段,是永恒如一的,是绝对的同一。道的这种无差别性是庄子预设"齐万物而为一"的客观依据。

道的又一个重要特点是无意志、无目的。《大宗师》中说:"夫道,有情有信,无为无形。"这里的"情"并非感情之情,这里的"情"与"信"都是真实之义,说明道是真实不妄的客观实在,道一方面是真实存在,一方面又无目的、无作为、无形象。《大宗师》还提到道"齐万物而不为〔戾〕①,泽及梦世而不为仁,长于上古而不为老,覆载天地刻雕众形而不为巧"。道破毁万物并非由于暴戾,恩惠及于万世亦非出于仁义,覆天载地、妙化众品也并非缘

---

① "戾"字原作"义",据杨树达说依《天道》篇校改。

于智巧,所以道没有人格,没有意志,没有情感,没有目的。道产生和决定天地万物都是自然而然的。因此道不是人格神,也不是绝对精神,道是中国古代哲学特有的关于世界本源和依据的观念。道的观念与万物相对应,万物是有生灭的,道是永恒不变的;万物是有条件的,道是无条件的;万物是千差万别的,道是绝对同一的;总之,万物是相对的,道是绝对的。

萨特哲学的来源比较复杂。萨特显然受到过丹麦的神秘主义者克尔凯郭尔和德国的存在主义者海德格尔的影响,也受到过叔本华、尼采、柏格森的意志主义和生命哲学的影响,并且更直接地受到了胡塞尔现象学的熏染,所以萨特的第一部哲学巨著《存在与虚无》的副题就是"现象学本体论"。萨特所说的本体论的任务就是对存在作现象学的描述,揭示两类存在——"自在"的存在与"自为"的存在的相互关系,所谓"自在"的存在即外部世界,所谓"自为"的存在即人的意识,也就是人的"实在"。

萨特给自己规定的哲学任务是既克服唯心主义,又克服唯物主义。他所找到的哲学出发点是反思前的"我思",并企图在反思的"我思"的基础上反驳唯心主义,建立关于外部世界存在的本体论证明。萨特认为,在反思前的"我思"中,意识与事物直接联系着,它由主体指向客体,就是说它不指向自我,而是指向自我之外。所谓反思前的"我思"是指所有不加思考、不加理解而进行的直接的思维活动,比如一个人数自己烟盒中的纸烟,可以不加思索地计算数量,这种"我思"的对象即纸烟等外在的事物。由此萨特说:"所有的意识都是对某某事物的意识,这意味着,超越性是意识的基本结构,即意识产生那个并不是它的存在的意义。这就是我们所说的本体论证明。"[1]意识必然要指向外部世界,因而外部世界是存在的,这就是萨特对唯心主义的"克服"。

萨特的反思前的"我思"的概念是从笛卡尔的"我思故我在"的命题中引出的,但萨特批评笛卡尔仅仅从"我思"出发,也就是从关于思想的思想出发,这就是把意识当成了不依赖于物质世界的特殊实体,这种极端的怀疑主义就容忍了唯心主义。萨特相当满意地宣称自己从反思前的"我思"出发,从而使外部世界和意识、客体和主体在其中融为一体,这就用现象学的一元论取代了哲学的二元论,摆脱了外部与内部、超越与内在、本质与现象的传统二元论。萨特从现象学的立场出发,把存在物归结为描述它的现象系列,这里的现象不是指客观事物的本质的反映或表现(不是 appearance),而是指感觉到或观察到的东西(phenomenon),是感觉的材料。因此,无论是反思前的"我思"还是现象系列都是意识领域内的东西,强调意识的意向性、强调意识的超越性都丝毫没有改变萨特哲学从个人意识出发的基本立场。

显然萨特哲学的出发点与庄子哲学的出发点有根本不同。庄子的道是自本自根的客观存在,道本身没有意识的属性或功

---

[1] 转引自戈·雅·斯特烈尔措娃:《批判存在主义对辩证法的理解》,车铭洲译,天津人民出版社,1981年版,第20页。

能,也不受人的意识的影响或支配,真人体道是以道为直觉对象,所谓与道为一也只是对道的认同,并不意味着人的意识对道的改变或道对人的意识的相关联系。而萨特的"我思"则纯粹是人的主观意识,而外在世界只是作为意识的对象而存在的,这样,客观世界就和意识的附属物成了一类东西,而不是独立自存的物质世界,因此萨特的从反思前的"我思"出发的现象学本体论就仍然是主观唯心主义的。而庄子以道为本质的本体论既非典型的唯物论,亦非典型的唯心论(从唯物论与唯心论的本来意义上讲),但大体可划入客观唯心主义的一边,而很难划入主观唯心主义一类。

庄子与萨特的本体论的复杂性在于他们都以某种形式坚持了无神论,容纳或吸收了唯物论。庄子的道的重要特点是自然无为,不具有神的属性,亦不受神灵的支配,庄子强调天地万物的一切存在与变化都是自然而然的,这种自然变化的载体即物质性的气。庄子说过"游乎天地之一气",认为天地万物都是气构成的,人也是气聚合而成的,人有病是阴阳之气凌乱的结果,人之死则是气散而回归于大自然的结果。萨特明确宣布了自己的无神论立场,他把存在主义分成两种,一种是以雅斯贝尔斯和马塞尔两位基督教徒为代表的有神论的存在主义,一种是以海德格尔为代表的无神论的存在主义,他本人即属于后者。他继承了尼采的"上帝死了"的思想,反复宣传上帝是不存在的,认为假设上帝的存在对人是毫无意义的。萨特也看到了唯物主义的某种合理性,决心"克服唯心主义",因而在他的哲学中容纳了"自在"的概念,肯定了外部世界存在的事实。庄子与萨特哲学的复杂性是他们脱离人类文明发展的传统道路独立探索的结果,显然这种探索有失也有得,重要的不在于他们的结论是否正确,而在于他们发现和揭示了社会与人生中的某种矛盾。

(二)

庄子对自然界、社会生活和人类认识中的矛盾有深刻细致的观察,他看到了矛盾的普遍存在,他重视对立概念间的相互联系,他反复论及了彼是、是非、死生、有无、虚实、大小、成毁、然与不然、可与不可等许多对立面。庄子不仅看到了对立的普遍性,而且看到了对立的同一性。就现实世界来说,庄子是一个辩证论者,他不仅承认世界中充满了矛盾,而且承认矛盾的转化和对立面的统一,因此可以说庄子思想中的辩证观念是相当丰富的。

庄子提出的"彼"与"是"的观念大体相当于我们今天所说矛盾的概念。"彼"即彼方、对方,"是"即此方、己方,"彼"与"是"泛指普遍存在的对立双方。庄子认为彼是双方的对立是普遍存在的,又是相因相依的。《庄子·齐物论》中说:"物无非彼,物无非是。自彼则不见,自〔是〕则知之[①]。"任何事物都处于彼是的矛盾

[①] "是"字原作"知",据严灵峰说校改。

对立之中，每个事物都既是矛盾的此方，又是矛盾的彼方，从事物自身的角度来看是矛盾的此方，从事物对立面的角度来看是矛盾的彼方。彼与此是对立的，又是相对而言的。在双方的对立中，自己是矛盾的此方，大家都会想到，然而自己同时也是矛盾的彼方，则往往看不到。看问题不仅要从此方来看，更要从彼方来看，这样才能看到彼此的相对性，才能得到全面的认识。显然，这种见解是深刻的。

庄子还揭示了长短寿夭等概念的相对性。"朝菌不知晦朔，蟪蛄不知春秋，此小年也。楚之南有冥灵者，以五百岁为春，五百岁为秋；上古有大椿者，以八千岁为春，八千岁为秋，而彭祖乃今以久特闻，众人匹之，不亦悲乎！"(《庄子·逍遥游》）朝菌寿命不到一日，蟪蛄寿命不足半年，彭祖寿命竟高达八百年，可谓长矣。然而冥灵以五百年为一季、两千年为一年，其寿命又是彭祖望而不及的；而大椿竟以八千年为一季、三万二千年为一岁，又是冥灵所无法相比的。山外有山，天外有天，所谓大小、长短、寿夭都是相对而言，不足以自恃。庄子肯定大小、长短、寿夭的相对性，从而揭示了事物差别的无限层次，有利于开拓人们的思想和眼界，这也包含着辩证法因素。

庄子思想中的辩证法观念还不止这些，但需要指出的是，庄子思想的落脚点并不是论证矛盾的对立统一，而是通过夸大对立面的共性、同一性、相对性来抹杀事物间的差别。庄子在《齐物论》中说："是亦彼也，彼亦是也。彼亦一是非，此亦一是非。

果且有彼是乎哉？果且无彼是乎哉？彼是莫得其偶，谓之道枢。枢始得其环中，以应无穷。"彼是即彼此，彼此乃相对而言。从己方看，此为此，从对方看，此却是彼；从己方看，彼为彼，从对方本身来看，彼却是此，所以"是亦彼也，彼亦是也"，不一定纯然是诡辩论命题。"彼亦一是非，此亦一是非"，肯定了是非的相对性，认为彼方之是非不同于此方之是非，此方之是非未必是彼方之是非，这也不全是谬说。但庄子接着问道："果且有彼是乎哉？果且无彼是乎哉？"这就露出了否认彼是之别、抹杀矛盾对立的端倪，接着就直接提出了"彼是莫得其偶"的主张，把消除彼此是非的对立当作认识的最高原则，把忘却矛盾差别当作获得真知的关键。庄子认为，忘却一切差别就如同立于圆环之中心（"枢始得其环中"），尽管是非之轮旋转不息，中枢之我却无动于衷，又应对无穷。幻想在是非之轮旋转的中心保持绝对的均衡，摆脱一切彼此之分和矛盾对立，这种愿望是浪漫的幻想，这种理论则是抹杀矛盾的诡辩。

庄子在矛盾观上的特点是从承认辩证法到抹杀矛盾差别，得出万物如一的结论，从而为他的超脱现实的理论目标服务。所谓"举莛与楹，厉与西施，恢诡谲怪，道通为一"，所谓"天地一指也，万物一马也"，所谓"天地与我并生，而万物与我为一"等说法都是他抹杀一切差异的齐物之论。

庄子的矛盾观无论是从肯定对立面的统一还是从抹杀万物之差别的角度来看，都是围绕着矛盾问题展开的；而萨特的矛盾观却脱离了从古到今,特别是由黑格尔和马克思系统化了的辩证法传统。萨特曾表示自己是受了马克思主义的影响才重视辩证法的,但他从来也没有真正接受过马克思主义,他一方面表示赞同历史唯物主义和社会历史过程中的唯物辩证法,另一方面又反对辩证唯物主义和马克思主义关于自然的辩证法观念。萨特所谓的辩证法不仅不是马克思主义的,也不是黑格尔的,而是从新黑格尔主义那里继承来的。新黑格尔主义把理性主义的黑格尔歪曲成了神学家和浪漫主义者,用人类意识事实方面的主观辩证法顶替了黑格尔概念方面的客观辩证法。萨特继承了新黑格尔主义的衣钵,用主观主义和非理性主义解释黑格尔,炮制了存在主义的辩证法,否认辩证法的广泛适用性,把辩证法归结和局限于人的现实存在的方式,把作为辩证存在的人同非辩证的自然界对立起来了。

马克思主义认为辩证法是广泛存在于自然、社会与认识领域中的普遍法则,而萨特的一元论都是从自我意识出发的,因此萨特的辩证法只是自我意识的辩证法。萨特把反思前的"我思"分解为内在性与超越性、主观性与客观性、意识与外部世界等若干对立面,又把这些对立面归结为两个正好相反、互相排斥的存在领域,这就是"自在"(外界)和"自为"(人的意识)。但萨特并没有从此出发研究解决自在与自为的辩证关系问题,却限定了辩证法的适用范围。

萨特所说的"自在"的存在是外部世界,是物质性的存在。

萨特说:"存在存在着,存在是自在的,存在就是它所是的那个东西。"[1]这肯定了存在是无条件地存在着,存在的存在是一种事实,同时认定存在是自己的存在,是没有外力支配的,也是没有自因的,这是"自在"与"自为"的重要区别。所谓"存在就是它所是的那个东西",意味着自在与自身绝对等同,自在本身是无限的充实,绝对的圆满,内部没有任何微小的缝隙,外部也不可能有更大的包容者。这就是说在"自在"的存在那里,不容许任何否定、不知道任何变化,它任何时候都不可能是他物。萨特强调"自在"与自身完全同一,没有自我运动、自我发展的任何可能性,处于任何生成、变化、解体之外,因此既没有过去和现在,也没有将来,"自在"就是"自在"。显然,萨特把矛盾、差异、对立、发展、变化等一切辩证法的观念都关在了"自在"的大门之外,"自在"的存在是没有矛盾、没有运动、没有发展的反辩证法的王国。

那么萨特所说的辩证法在哪里存在着呢?在"自为"的存在之中。所谓"自为"即人的意识,即"我思"的人的实在。萨特认为意识是虚无,因为整个世界是在意识之外的,意识是作为"自在"的对立物而存在的。"自为"与"自在"的存在方式是根本对立的,"自在"的存在是自身绝对同一,其规律是同一律或无矛盾律,"自为"的存在是"与自己同在",其规律是与自身永不符合的

---

[1] 《存在与虚无》(英文本),纽约,1971年,第548页。

原则、矛盾原则。用萨特自己的话来说,"自为"的矛盾存在的规律就是:"自为"永远是它现在所不是的东西和不是它现在所是的东西。所谓"自为"与自己同在就是说意识与它自己永远不是一回事,意识在反思活动中自我分裂着,因为它指向自己,观照自己而离开自己。萨特就是这样从意识与自身不相符合中引出了意识的矛盾性,肯定了"自为"处在永恒运动、流动和变化之中。这样萨特就为我们描绘了与"自在"相反的,充满了辩证法的"自为"的世界。显然,萨特把辩证法关闭到了人的意识领域之中。

萨特不仅限制了辩证法的适用范围,而且改变了辩证法的基本内容。在萨特那里,辩证法的核心不是对立统一规律,不是对立面的统一和斗争,而是否定的概念,一切辩证属性都是从否定中引出的。自我分裂为对立的方面、自我运动、自我发展、把自己视为他物、永恒的前进运动,这一切都发源于否定。"自为"之所以具有辩证的属性就是因为它能够自我否定,它把否定作为自己结构中最主要的成分,而"自在"之所以没有辩证的运动,也是因为它不能自我否定。这样萨特就把辩证法的一个环节——"否定"——提升为辩证法的根本内容,从而贬低了对立统一规律,在一定程度上歪曲了辩证法。

庄子与萨特的哲学中都有一定的辩证法因素,但庄子夸大了对立面的统一性,以至于抹杀了对立面的斗争和差异;而萨特则只讲自我的否定,不讲对立的统一,在这方面,二者又从不同的方向背离了辩证法。

（三）

在认识论上，庄子是一个怀疑主义者和直觉主义者，而萨特则是不可知论者和主观唯心主义者。这里所说的不可知论是以休谟、康德为代表的近代怀疑主义思潮，不同于一般所说的以古希腊皮浪等人为代表的怀疑主义。[①]

庄子对他的怀疑主义作过比较深刻的论证。首先，庄子揭示了人类认识能力的局限性。他说："吾生也有涯，而知也无涯。以有涯随无涯，殆已，已而为知者，殆而已矣。"（《庄子·养生主》）人生在世，生命有限，而认识对象无穷，以有限之人生追求无穷之认识，必然陷于困境。既然如此却还要追求认识无穷之世界，那就会陷入无穷无尽的烦恼之中，所以人们不应希望认识世界，而应该放弃一切认识活动。庄子揭示了人类认识活动中有限与无限的矛盾，这是难能可贵的，但主张放弃对认识世界的追求，则是错误的。

其次，庄子强调认识标准是主观的、因人而异的，所以在现实生活中是找不到真理的，因而一切认识活动都是不可靠、不可取的。庄子在《齐物论》中说："民湿寝则腰疾偏死，鳅然乎哉？

[①] 关于不可知主义与怀疑主义的区别问题请参看拙著《庄子哲学及其演变》第五章第三节"真知论"。中国社会科学出版社，1988年版。

木处则惴慄恂惧,猿猴然乎哉?三者孰知正处?"人睡在潮湿的地方就要腰疼偏瘫,泥鳅却专门在潮湿环境中生活,人爬到树上就会惊惧不安,猴子却专门在树上攀援腾跃,谁知道哪里是最好的住处呢?"民食刍豢,麋鹿食荐,蝍蛆甘带,鸱鸦嗜鼠,四者孰知正味?"人吃畜肉,麋鹿食草,蜈蚣吃蛇,猫头鹰和乌鸦喜欢老鼠,谁知道什么是最好的味道呢?"猿,猵狙以为雌,麋与鹿交,鳅与鱼游。毛嫱丽姬,人之所美也,鱼见之深入,鸟见之高飞,麋鹿见之决骤。四者孰知天下之正色哉?"猿和猵狙雌雄相配,麋与鹿相互交媾,泥鳅与鱼相伴而游。毛嫱和丽姬是人们公认的美女,但鱼见之潜底,鸟见之高飞,麋鹿见了就要骤然奔逃,谁知道什么是天下最美的容貌呢?庄子认为万类各有自己生存的条件和习性爱好,彼此间是没有是非高下之分的;以人而论,不同人各有自己的爱好选择,其标准也是难分是非正误的,因而任何认识或判断都是不可靠的。

庄子还特别强调事物的变易性,认为人之生死、祸福、梦醒都处在变易之中,变易不止,结果难卜,所以认识是无法追求的。庄子说:"予恶乎知悦生之非惑邪!予恶乎知恶死之非弱丧而不知归者邪!丽之姬,艾封人之子也。晋国之始得之也,涕泣沾襟;及其至于王所,与王同筐床,食刍豢,而后悔其泣也。予恶乎知夫死者不悔其始之蕲生乎!"(《庄子·齐物论》)人怎么能知道悦生不是糊涂想法呢?又怎么能知道怕死的人不像从小流落他方而不知归的人呢?丽姬刚被带到晋国时,哭得衣服都湿透了,等到享受了嫔妃的豪华生活,就为自己当初的哭泣而后悔了。怎么能知道死者不为自己当初求生而后悔呢?总之,死亡之境没有体验,祸福之变无法预料,梦醒之别难以判断,所以关于生死、祸福、知与不知的认识都是不可靠的。

庄子怀疑人的认识能力和知识的可靠性,因而是一个怀疑主义者。但他不同于一般的怀疑主义者,他在怀疑人类感官的认识能力的时候,并不怀疑直觉体验的作用,在怀疑现实世界中的是非善恶的时候,并不怀疑绝对的道。庄子认为靠特殊的、直觉的方法可以获得最根本的认识,即对道的把握。庄子在《人间世》中说:"闻以有翼飞者矣,未闻以无翼飞者也;闻以有知知者也,未闻以无知知者也。""有知"中的知是指依靠感觉器官和思想器官所获得的知识,"以有知知"如同有翼而飞,是凡人的认识途径;"无知"是指不要认识器官,也不要知识的积累,"以无知知"如同无翼而飞,是至人或真人的认识方法。庄子怀疑和否定凡人的认识能力和认识方法,宣扬至人无翼而飞的认识方法,就是要不通过感官的认识渠道,直接去体验最高的道,庄子所谓的"心斋""坐忘""外物"都是通过神秘的直觉去获得真知的基本道路。

如果说庄子的怀疑主义否定的是一切通常的认识方法和知识,那么萨特的不可知主义则把矛头指向了马克思主义的反映论。萨特批评马克思主义的认识论剥去了全部主观性,并且把个人同化于纯粹的客观真理。当然马克思主义理论家,对萨特的这种指责是无法接受的,他们强调马克思主义的反映论是能动的反映论,是充分肯定了人的主观能动性的。他们认为,人的认识活动不是机械地反映客观世界,而是能够深入事物的内部去认识世界的本质和规律,并且能够利用客观规律去实现改造世界,同时也改造认识者自身的目的。

萨特指责马克思主义剥除了全部主观性,并不是因为马克思主义的认识论完全不讲人的主观能动性,而是因为马克思主义中没有萨特那种被当作一切认识的根本出发点的主观性。萨特哲学的出发点是反思前的"我思","自在"与"自为"、外部世界与意识、客观性与主观性、超越性与内在性这些对立的方面都统一于"我思",也就是说一切都是从个人的主观意识出发的,因此在萨特的认识论中没有主体与客体、反映者与被反映者这样的概念。

萨特把存在分为"自在"的存在与"自为"的存在两个部分,虽然萨特规定"自在"即外部世界,"自为"即意识,但萨特并不认为"自为"可以而且应该反映和认识"自在",相反,萨特把二者的关系视为根本否定的关系,认为世界首先是作为一切意识所不是的东西而出现的。不仅意识否定着外部世界,而且外部世界的不同部分也与否定联系着,比如某物在人的计划中被当作工具而出现,那么这时其余的一切都要被否定和虚无化,这样,"自在"被组织起来并获得意义,而"自为"则实现了自己个人的谋划。在萨特这里,意识与世界不是反映与被反映的关系,而是否定与被否定的关系。

虽然"自在"与"自为"是相互排斥、相互否定的,但又是"不可分割地联系着"的,双方都是在对另一方的关系中才能表现自己。然而这种关系的关键仍在于"自为","自为"对于自身来说是绝对的事件,而对于"自在"来说也是"唯一可能的冒险"。萨特强调,"自在"与"自为"的作用并不是同等地揭示双方。认识作为"自在"与"自为"的联系形式,实质上主要地不是揭示"自在",而是揭示"自为",这也就是说,认识的目的不是认识外部世界,而是揭示意识自身,只有通过揭示"自为"才能揭示自在的关系。"因为为把存在视为它现在所是的存在,那就应当成为这一存在"[1]。认识的出发点和对象、目的都在于"自为",即在于自我意识,这就是萨特所说的主观性。这种主观性证明萨特的认识论是不折不扣的主观唯心主义的一元论。虽然萨特既反对把物质归结为观念的派生物的唯心主义,又反对把意识归结为物质的属性的唯物主义,自诩超脱了唯物主义与唯心主义对立,但实质上仍未能跳出现代西方哲学的主观唯心主义的窠臼。

力求摆脱唯物主义与唯心主义之对立的现代西方哲学都以不可知主义为归宿,萨特也是这样。他认为人力求"把握"围绕着他的"自在"——外部世界,但是永远不可能做到这一点,因在

---

[1] 参见戈·雅·斯特烈尔措娃:《批判存在主义对辩证法的理解》,第32页。

任何时候都只能找到自身,对"自在"的认识原则上是达不到的幻想;这就是萨特的不可知主义。萨特认为个人意识是认识活动的中心或根本,庄子则主张否弃一切感觉或思虑,主张放弃一切主观意识;萨特否认认识"自在"的可能性,庄子却确信直接体认外在之道的可能性与必要性,可见庄子与萨特所怀疑的对象及所追求的方向都是截然不同的。这种不同又源于他们在本体论上的不同:一个从客观的最高的道出发,不否认物质世界的实在性;一个从反思前的"我思"出发,不承认物质世界的独立存在。庄子与萨特各自在自己的时代继承了反传统的哲学思潮,但他们的哲学立足点却是根本不同的,这就决定了他们在自由观上既有相似之处,又有重要差别和对立。

下编

自由篇

第四节
两种不同的自由

庄子洁身自好式的自由,反映了中国传统文化中个人对社会的逃避,萨特盲目行动的自由,则反映了西方现代文化中个人对社会的抗争。因此,庄子的逍遥游很难在西方得到普遍的共鸣,而萨特的不断选择也很难在中国得到效法。

庄子哲学的归宿是精神自由,萨特哲学的核心也是个人自由,自由观问题在庄子哲学和萨特哲学中都占有非常重要的地位,这是庄子与萨特二人在哲学上最为相似的地方。然而由于庄子与萨特毕竟生活在不同的时代和不同的国度,他们所受的文化熏陶和哲学滋养大不相同,因而他们解决同类问题的方法、途径常常全然不同。

一般来说,庄子生活于集体主义的古代中国,宗法血缘关系如网络一般笼罩着每一个人,自上而下的金字塔形的等级制,限定了每个人的活动舞台和活动能量；个人，尤其是普通的个人，在家族中、在社会集团中、在社会政治生活中的作用是渺小的。社会伦理道德的核心是上下尊卑关系，是个人必须服从家长、服从群体、服从社会；最为重要的是社会的共同利益和集团的权益，而不是个人的发展问题。因此庄子无法摆脱社会网络的控制，无法提出在现实中行动的自由理论，只能在纯精神的幻想中摆脱一切钳制和束缚。

萨特生活于个人主义的现代欧洲，激烈的资产阶级革命早已冲破了中世纪压抑个性发展的罗网，政治上的等级制已遭瓦解，大机器生产碾碎了专制政府，资本主义的竞争推倒了世袭的尊位，靠个人、为个人已成为普遍的信条；金钱的迅速周转流通，给个人的浮沉荣辱提供了更多的偶然的机遇；社会伦理道德的核心是个人奋斗竞争，这就为个人的独立发展提供了更大的可能性。因此萨特追求的是盲目地突出个人自主性的自由，而不是逃避现实的自由。这就带来了庄子与萨特哲学的许多不同，也带来了庄子与萨特在自由观上的一系列根本差异。

（一）

庄子是从命定论的立场出发追求自由的，而萨特是在否认任何形式的决定论的前提下肯定人的自由的，这是庄子与萨特在自由观上的第一个明显的差别。

庄子是一个命定论者。他在社会生活中是一个失意儿，无情的现实使他感到有一种不可抗拒而又无法摆脱的力量压迫着他。他把这种必然性力量叫作"命"，并把这种必然性归之于"道"和"天"。他在《大宗师》中说："死生，命也；其有夜旦之常，天也。人之有所不得与，皆物之情也。"死生有命，这是典型的命定论思想。庄子认为人的命运与万物之情一样是无可奈何的。据《德充符》记载，惠施曾问庄子："人而无情，何以谓之人？"庄子回答："道与之貌，天与之形，恶得不谓之人？"是道和天决定了人的形貌、使人成之为人的。庄子还嘲笑惠施说："天选子之形，子以坚白鸣。"这说明人的形体及思想观点都是天定的必然。总之，一切都是道和天所决定的，一切都是不可抗拒的命定的必然。因此，庄子认为只有认识到命运是无法改变的，从而无心无情、安之若命，才能摆脱痛苦，进入自由境界。简而言之，庄子是在承认命定论的基础上追求自由的。

与庄子相反，萨特是在否定命定论的基础上追求自由的。萨特认为承认命定论就扼杀了人的自由，坚持人的自由就得否认命定论，自由与命定是相互排斥、不可共存的。要推翻命定论首先就要推倒上帝。萨特说："事实上我们是存在于一个只有人没有上帝存在的世界上。陀思妥耶夫斯基说：'假如上帝不存在，一切事情都有可能。'这就是存在主义的出发点。"[①]萨特在这

[①] 《存在主义是一种人道主义》，见《存在主义哲学》，商务印书馆，1963年版，第341—342页。

里所说的存在主义是无神论的存在主义,不同于以雅斯贝尔斯为代表的基督徒的存在主义。萨特认为,如果我们把上帝当作人类和万物的创造者,那么人就是上帝预设的存在,正如工匠事先设计的裁纸刀一样。这样一来,个人就成为神智之中的某一概念的实现,也就是说,上帝的神明剥夺了人实现自由的可能性。萨特坚决否认上帝对人类的干预,他说:"世间并无设定人类本性的上帝。人,不仅就是他自己所设想的人,而且还只是他投入存在以后,自己所志愿变成的人。"①

"存在先于本质",这是存在主义的基本命题。这里所说的存在不是我们所说的客观世界,也不是一般的存在(being),而是特指人的存在(existence),所谓人的存在也不是指肉体的、生理的存在,而是指人的自我意识,所以"存在先于本质"就是说对个人存在的自我意识先于个人的本质,并选择和决定着个人的本质。萨特说:"假如上帝不存在,那么,世间至少有一种存在物可证明是'存在先于本质'。这一种存在物,在可受任何概念予以规定之前,就已存在;而这一种存在物就是人。"②人这种存在物可以证明存在先于本质,所以人是自由的,决定论是错误的。这就是萨特所说的"假如存在确实是先于本质,那么,就无法用一个定型的现成的人性来说明人的行动,换言之,不容有决定论。

---

① 《存在主义是一种人道主义》,见《存在主义哲学》,第 337 页。
② 《存在主义是一种人道主义》,见《存在主义哲学》,第 337 页。

人是自由的,人就是自由"。① 萨特从"存在先于本质"的基本命题出发,不仅否定了上帝的存在,而且否定了各种形式的决定论。那么,什么是"存在先于本质"呢?简单地说,"存在先于本质"就是强调首先要有人的"存在、露面、出场",然后才能"说明自身",亦即决定自身的本质。所以萨特又说:"人不外是由自己造成的东西,这就是存在主义的第一原理。"② 总之,庄子的命定论限制了人在现实生活中的主动性和创造性,而萨特的"存在先于本质"则把人的自主性、能动性夸大到了极端。

(二)

庄子是从极端命定论的立场出发追求自由的,因而他的自由与安命是一致的,这种自由就表现为无为的自由,即逍遥游。萨特是从反对任何形式的决定论的立场出发追求自由的,因而他的自由有无限的天地,表现为无条件的选择和一系列的行动。

现实的遭遇变幻莫测,社会的矛盾纷纷攘攘,这使庄子感到无比厌烦,因此他要追求一种宁静和谐的心境。他提出"心斋""坐忘"等实现精神自由的方法,就是为了达到内心的绝对虚静。何谓"坐忘"?《大宗师》说:"堕肢体,黜聪明,离形去知,同于大

---

① 《存在主义是一种人道主义》,见《存在主义哲学》,第342页。
② 《存在主义是一种人道主义》,见《存在主义哲学》,第337页。

通,此谓坐忘。""堕肢体""离形"就是忘却自身的存在,"黜聪明""去知"就是摒绝任何思虑,"同于大通"就是一切因任大化之自然,这样连自己的形体都忘尽了,真是内心空无一物,虚静一片。什么是"心斋"?《人间世》说:"虚者,心斋也。""心斋"的实质就是要让精神超然于物外,保持绝对的安宁。不难看出,庄子把老子的无为推向了极端,把无为变成了无心无情、绝对虚静。

那么精神虚静和"逍遥游"是什么关系呢?让我们来看一下"逍遥游"的实质吧。"逍遥"或"游"都是无牵无挂、无拘无束的自由状态。是什么在游呢?庄子讲"游心乎德之和"(《德充符》),"乘物而游心"(《人间世》),所谓"游心"就是心之游,即思想的遨游。这说明"逍遥游"的主体是自己的心。心在哪里游呢?庄子说要"游乎无人之野"(《山木》),"无何有之乡"(《逍遥游》);又说要"游乎四海之外"(《逍遥游》),"游乎尘垢之外"(《齐物论》)。这一类"方之外"的世界既不是现实世界,也不是海外仙境或伊甸乐园,庄子所游之处仅仅是个人的精神世界。思想在头脑中飞翔,"逍遥游"是纯精神的享受,是没有任何现实内容的玄想式的自由。这种自由同思想的虚静是没有什么区别的。同样道理,庄子的"得道"或"与天地万物为一"的神秘体验也是在思想上荡净一切现实映像之后的玄想,是内心的宁静与和谐。总之,不管庄子怎样描写他的精神自由,其实质都离不开内心的虚静安宁,即绝对的无为。

与庄子相反,萨特不但坚决反对清静无为,而且竭力主张投入行动。萨特提出,社会历史的发展没有一定的规律,人类事业的明天难以预料,"这是否意味着我应该沉迷于清静无为呢?不。首先,我应该使自己有所行动,然后照着古代格言而行动:'不冒险,无所得'……我不能抱任何幻想,我该尽力而为。""我现在讲的理论,与清静无为恰恰相反,因为我们主张:除行动外,无所谓现实。不但如此,还主张:人不外是人所设计的蓝图。人实现自己有多少,他就有多少的存在。因此,他,就只是他的行动的总体。"[1]尽管明天的一切都是未知的,但我仍要行动。行动,行动,不怕冒险,不抱幻想,行动就是人的现实,人就是行动的总体。

萨特从现象学的立场出发,不仅反对本质与现象的二元论,而且反对潜力与行动的二元论,他主张一切都在行动中。他说:"潜力与行动的二元性也消亡了。一切都在行动中。在行动的背后,既没有潜力,又没有陈迹,也没有潜在。"[2]一切都没有了,剩下的只是一连串无缘无故地发生着的行动。这些行动失去了客观的依据或原因,也无须任何主观的目的或动机。所以萨特反复宣传一个人不必有所希望才从事工作,应当不怀希望地行动着,行动便是使人生活下去的唯一事情。显然,这种为行动而行动的主张很容易导致冒险主义和盲动主义。不管怎样,"存在

---

[1] 《存在主义是一种人道主义》,见《存在主义哲学》,第347页。
[2] 《存在与虚无》,见《存在主义哲学》,第267页。

主义,决不可称为是清静无为的哲学。因为,它以行动来解释人"①,存在主义"是一种行动学说"②。

显而易见,萨特的自由不是逍遥自适的自由,而是不断行动的自由,这种行动的自由又表现为选择的自由。萨特说:"我们在这里所考察的关于自由的专门概念和哲学概念,则是这样一个概念,它意味着:选择的自主。"③自由意味着自己选择,这种自由是无法摆脱的:"事实上,我们就是进行选择的自由,而并非选择自由状态。我们被判处了自由这样一种徒刑。"④这就是说,人们不必考虑如何获得自由,不必选择通往自由的道路,选择本身就是自由,自由就是自由选择,这样,不论一个人选择了什么,也不管这种选择的后果是什么,他永远是自由的。

萨特认为只要一个人存在着,他就必然要进行选择,他不可能不进行选择,也就不可能不是自由的。这种自由显然是荒谬的,萨特自己也丝毫不否认这一点。他说:"自由之为自由却仅仅是因为选择永远是无条件的。这样选择由于它毫无支撑点,由于它向自己规定着自己的动机,所以可能显得是荒谬的,而事实上也的确是荒谬的。"⑤自由的选择是荒谬的,即使荒谬也仍然

---

① 《存在主义是一种人道主义》,见《存在主义哲学》,第349页。
② 《存在主义是一种人道主义》,见《存在主义哲学》,第359页。
③ 《存在与虚无》,转引自王克千等:《存在主义述评》,上海人民出版社,1981年版,第125页。
④ 《存在与虚无》,转引自卢卡奇:《存在主义还是马克思主义》,商务印书馆,1962年版,第63页。
⑤ 《存在与虚无》,转引自《存在主义述评》,第125页。

要不停地选择,这与庄子主张绝对无为、逍遥自得、超脱放达是截然不同的。庄子的自由是纯精神的玄想和自我陶醉,在现实世界中毫无作为;萨特的自由却是不断地选择,盲目地行动。就此来说,庄子的自由有出世的倾向,而萨特的自由纯然是入世的。

(三)

庄子从命定论出发,把一切归之于命定的必然,从而排除了偶然;萨特从反对决定论的立场出发,抹杀任何形式的必然,把一切归之于偶然。因此,庄子的自由表现为否认偶然的自由,而萨特的自由表现为否认必然的自由。

庄子把自己在现实生活中感受到的外在的必然夸大为绝对,认为一切遭遇变化都是必然的结果,排除了偶然存在的可能性,从而完全割裂了必然与偶然。《庄子·大宗师》中有这样一个寓言:子舆与子桑二人是非常好的朋友,有一次遇上了连绵十天的大雨,子舆猜想子桑一定饿坏了,就带了饭去看他。到了他的家门前便听见他"若歌若哭",弹着琴唱道:"父邪!母邪!天乎!人乎!"声音急促不安,有气无力。子舆进屋问他:"子之歌诗,何故若是?"他回答说:"吾思夫使我至此极者而弗得也。父母岂欲吾贫哉?天无私覆,地无私载,天地岂私贫我哉?求其为之者而不得也,然而至此极者,命也夫!"人生遭遇莫测,其中虽有必然,也有偶然。子桑相信天地无私,相信不是天地故意连降大雨,使自己贫困交加,但又找不到原因("求其为之者而不得也"),只好归之于命,这样就把人生的一切遭遇归之于命定,从而取消了偶然,把偶然归之于必然。

《庄子·德充符》还说过:"游于羿之彀中。中央者,中地也;然而不中者,命也。"羿是有名的神箭手,彀中是靶心。有人在神射手的靶子中心散步却没有被射中,这本来是意外,是偶然,否则羿就称不上神射手了,但庄子却强调这也是命,是必然。显然庄子把偶然也当成了必然,从而抹杀了偶然。抹杀偶然是为了夸大必然,证明安命无为的必要性。庄子强调只有安命无为才有可能获得自由,否则就只有无穷无尽的烦恼。庄子的自由是以否认偶然、顺从必然为前提的。

与庄子相反,萨特根本不承认必然,而是把一切归之于偶然,他把一切必然性都当成自由的障碍,认为只要承认必然就没有自由,把自由与必然绝对对立起来。萨特以为,存在是没有理由、没有原因、没有必然性的,一切都是偶然出现、偶然发生的。所谓"存在是自在的"就说明外部世界是没有任何目的论结构的,它不可能成为"自为"。世界既没有上帝这样超越的主宰力量,也没有规律性这种内在的动因,这说明萨特的存在定义本身就向我们表明了它所固有的偶然性。存在就是一系列偶然事件的集合,人的本质也就是一系列偶然选择的结果。

由于存在既不能从可能性中派生,也不能归结为必然性,因而存在的本质属性是偶然,因此对于世界来说,许多问题是根本不该问、不能问的,例如,世界为什么能够存在,世界的原因是什么,世界存在的目的是什么,这些问题本身就是错误的,是不应该提出的。物质世界本质上就是这样一堆不可思议的偶然,因而是荒谬的,这种世界的荒谬性就是存在主义文学中的主人翁感到恶心或眩晕的原因,用萨特自己的话来说,"恶心"就是对偶然性的非命题的领悟。由于一切都是偶然,没有任何可赖以因循的规律或必然,因而人生又是"绝望"。萨特说:"绝望这一名词意义很简单,它指我们该自限于只期待那些有赖于我们意志的东西,或只期待那些有赖于我们的行为成为可能的种种或然性。"[1]这说明人们行为成功的可能性不在于顺应了客观趋势,而在于种种不可捉摸的偶然性。

萨特还特别强调偶然是绝对的,他说:"任何偶然不是一种假象,不是一种可以被人清除的外表,它就是绝对。"[2]偶然是无法摆脱的绝对,有存在就有偶然,偶然是存在的唯一形式。萨特很欣赏自己关于偶然性的思想。他说过:"在我的家庭里,人们一开始就使我相信我是一个大有价值的孩子。然而我同时还感觉到我的偶然性,这与价值的观念有点矛盾,因为价值好比一团旋风,把各种意识形态、各种异化都卷进去了,而偶然性是赤裸裸的现实。但是我想出了一个高招:我认为自己的价值正在于

---

[1] 《存在主义是一种人道主义》,见《存在主义哲学》,第346页。
[2] 《恶心》,转引自《论萨特》,第54页。

我能感受到其他人感受不到的偶然性。于是我就成为谈论偶然性的那个人,因此也就是把他自身的价值,用来寻找偶然性的意义和含义的那个人。"[①]总之,庄子否认偶然,夸大必然;萨特否认必然,夸大偶然。庄子的自由在于因任必然,萨特的自由在于强调偶然,二者适成对照。

(四)

庄子的自由不是与生俱来的,也不是人人都可以轻易获得的,而萨特的自由却是与人的存在同时存在的,人是被先天判定自由的,从这一角度来说,庄子的精神自由是有条件的,萨特的选择的自由则是无条件的。

庄子获得精神自由的最高境界是"得道"。《大宗师》在讲到得道的过程时说:"参日而后能外天下,……七日而后能外物,……九日而后能外生,……已外生矣,而后能朝彻,朝彻而后能见独,见独而后能无古今,无古今而后能入于不死不生。""见独"就是得道。得道要经过逐步忘天下、忘外物、忘自身的过程,由此才能体验到与宇宙同其辽远宏阔的光明境界。这与前面讲的"心斋""坐忘"一样都是进入自由境界的必要修养过程。显然,庄子的自由是有条件的,不是随便可以得到的。

---

① 《七十岁自画像》,见《萨特研究》,第108页。

《庄子·内篇》两次讲到"悬解"。"悬解"即解脱于痛苦,进入自由境界。《大宗师》说:"且夫得者,时也;失者,顺也。安时而处顺,哀乐不能入也。此古之所谓悬解也,而不能自解者,物有结之。"这里讲了两点:第一点是安时而处顺,第二点是哀乐不能入。只有安时处顺才能超脱于哀乐,进入无心无情的境界。在精神上,庄子主张超脱一切;在现实中,庄子主张因任必然。因任必然是保持精神超脱的必要基础或前提。因而,说庄子的自由是无条件的自由并不符合庄子思想的实际,庄子的自由是有条件的。

与庄子不同,萨特的自由是与存在合而为一的,存在是无条件的,因而自由也是无条件的。萨特强调:"我们所说的自由是不能同'人的现实'的存在相区别的,人并不是首先存在着以便在后来成为自由的。在他的存在和他是自由的这二者之间并没有什么区别。""一个人不能一会儿是奴隶,一会儿是自由人,因为他是完全地而且永远地自由的,要不然就根本没有他存在。"[①]非常清楚,存在与自由没有区别,它们是一而二,二而一的关系,存在就是自由,自由无须条件。一个人只要存在,他就必定是自由的。因而自由是普遍的、绝对的,是每个人每时每刻都有的。这种自由不同于庄子的自由,它不再是少数人经过特殊修养过程以后才能获得的理想境界中的自由。

---

① 《存在与虚无》,转引自徐崇温等:《萨特及其存在主义》,人民出版社,1982年版,第52页。

自由为什么是无条件的？对此萨特曾作过详细的解释。他说："一种限制只能加于世界上的实在力量之上，人们限制一种物体的物理作用是通过限定该作用的因素之一来实现的。而自由不是一种力量，……它不受因果关系的制约。"[①]萨特进一步解释说，自由不能被限制，因为它没有轮子，没有爪子，也无颔可放嚼子，它决定于自身的行动。萨特认为唯物主义者把人当成了受必然性制约的物，而他要提高人的尊严，于是就割断了人与物的联系和共性，把人当成了不受任何限制的抽象存在，他宣布这种存在不具有物的属性，而有着绝对的自由。这种自由也就是无条件的选择。萨特说："自由之为自由仅仅是因为选择永远是无条件的。"[②]在萨特看来，存在、选择、自由都是一回事，都是绝对的、无条件的。

萨特的自由之所以是与生俱来的，根本原因在于他的自由不仅是人生哲学的概念，而且也是本体论的概念。萨特认为根本的存在是"自为"，是主观意识，而意识是虚无，没有任何可以限定它自身发展的内容。"自为"不断地否定"自在"，"自在"却不可能否定"自为"。"自为"也不断地否定着自己，超越自己，处在变化之中。"自为"具有绝对的主动性，也就是自由。用萨特的话来说，自由就是"自为"的存在的本体属性的集中表现。事实上，萨特的本体论的最终目的也正在于说明他的自由观。总

[①] 《答加缪书》，见《萨特研究》，第38页。
[②] 《存在与虚无》，转引自《存在主义述评》，第125页。

之,庄子的自由是需要特殊的修养和锻炼才能实现的,而萨特的自由则是与生俱来的,无条件的。

(五)

庄子与萨特在自由观上的一系列区别根源于他们在本体论上的基本立场的不同,庄子的基本立场接近于客观唯心主义,萨特的基本立场则是主观唯心主义。

萨特以提高人的尊严为旗帜,在反对神学命定论的同时,把客观世界和历史趋势一起反掉了,于是世界上只剩下了人的抽象存在。这种人的存在不是肉体,也不是思想或理智,而是非理性的抽象意识;说它抽象是因为它不包含任何现实的内容。萨特从现象学的还原法出发,认为"一种哲学的第一个步骤,应当是驱逐意识中的事物"[1]。这种不包含任何客观内容的纯意识完全是独立自存的,意识是他自己"存在"的原因,没有任何事物是意识的原因。简言之,"意识由自身而存在","而意识的存在又是一切可能性的源泉和条件"。[2] 萨特还说过:"当我欣赏一处风景的时候,我很明白不是我创造出这处风景来的,但是我也知道,如果没有我,树木、绿叶、土地、芳草之间在我眼前建立起来

---

[1]《存在与虚无》,见《存在主义哲学》,第274页。
[2]《存在与虚无》,《存在主义哲学》,第279、278页。

的关系就完全不能存在。"①萨特认为,外物之间的关系是依赖于人的感知而存在的,这显然是一种主观唯心主义的世界观。尽管萨特对贝克莱的极端唯心论有所不满,有所批评,但他自己并没有跳出贝克莱的基本立场,他也明确宣布:"除了一种人类的宇宙即人类主观性的宇宙外,无其他宇宙。""我们提醒人注意:除了自己以外,无所谓其他立法者。"②萨特的这一立场与他强调个人的无条件的选择自由是完全一致的。萨特的自由观是建立在主观唯心主义基础之上的。

有些学者因为庄子抹杀一切矛盾,追求绝对的精神自由,就说庄子也是一个主观唯心主义者,这种观点是值得商榷的。庄子在现实生活中感受到一种不可抗拒的必然性力量,他把这种力量归之于"道",道是自本自根的世界本原,道"无为无形","神鬼神帝,生天生地",是"万物之所系","一化之所待"(《大宗师》)。庄子认为,最高的认识就是对道的直觉体认,以致忘却万物及自身的存在,达到与道融为一片、虚廓光明的境地。这种神秘的体验就是庄子的自由。值得注意的是:第一,庄子要忘却天地万物,并没有否认天地万物的独立自存;第二,庄子追求与道融为一体的神秘体验,并不是要取代道去支配天地万物。的确,庄子也讲过"胜物""物物"之类的话,但究其实质,这都不过

---

① 《为什么写作》,见《萨特研究》,第13页。
② 《存在主义是一种人道主义》,见《存在主义哲学》,第359页。

是超然于物外、不为物伤的意思。庄子说："不伤物者物亦不能伤也"(《知北游》)，这是主张虚心而应物。所谓"物物而不物于物"也是说要在万物之变中保持超然独立、不为外物所动心的意思，绝不是主宰万物之义。庄子哲学以绝对的观念性的道为世界的本原，因而大体上属于客观唯心主义。[①]

总而言之，庄子的自由是从命定论的跑道上起飞的，萨特的自由是以个人意志的主动性为出发点的；庄子的自由实际上是心灵的遐想，萨特的自由则是无条件的自由选择；庄子的自由观是从属于客观唯心主义体系的，萨特的自由观则是主观唯心主义体系的派生物。庄子的自由与萨特的自由有重要的区别，这中间当然有二人经历、气质的不同，但最主要的是反映了不同时代、不同国度的文化差异。庄子洁身自好式的自由反映了中国传统文化中个人对社会的逃避，萨特盲目行动的自由则反映了西方现代文化中个人对社会的抗争。因此，庄子的逍遥游很难在西方得到普遍的共鸣，而萨特的不断选择也很难在中国得到效法，这正是两种文化传统的差别与对立。

[①] 关于庄子哲学属于客观唯心主义还是主观唯心主义，学术界有不同意见。笔者的观点和根据详见《庄子哲学及其演变》，中国社会科学出版社，1988年版，第228—241页。

第五节

相似的个人追求

不管是庄子的超凡入圣的自由,还是萨特的人人生而具有的自由,它们都是脱离社会、脱离群体的自由,即纯个人的自由。

尽管庄子的自由观与萨特的自由观有许多不同甚至相反之处,但他们一个是在历史唯物主义还不可能产生的条件下追求自由的,一个是在拒绝接受历史唯物主义指导的情况下追求自由的,他们都不懂得自由与必然、必然与偶然、主观与客观、个体与群体之间的辩证关系,因而,他们的自由观也有着本质上的相同之处。

(一)

庄子生活在古代中国,那时平等观念尚未完全产生,因而他的自由表现为超凡脱俗的至人、真人或神人的自由。萨特生活在现代西方,平等已成为时髦的口号,因而他的自由在理论上是人人相同的,在形式上也是人人平等的。然而,不管是庄子的超凡入圣的自由,还是萨特的人人生而具有的自由,它们都是脱离社会、脱离群体的自由,即纯个人的自由。

庄子对现实生活的厌倦使他对周围的一切人都冷漠了,他虽然"不谴是非,以与世俗处"(《天下》),但精神上却"游于无人之野"(《山木》),反对"与人为徒",而追求"与天为徒"的境地(《大宗师》),即忘却一切人的存在,把自己托付给造化之自然。庄子讲的"与造物者为人,而游乎天地之一气"(同上)也就是天马行空、独往独来式的个体的精神自由。庄子讲过一个比喻:"泉涸,鱼相与处于陆,相呴以湿,相濡以沫,不如相忘于江湖。"(《大宗师》)这段话的寓意是说:人们与其相处于世,以恩相惠,以力相救,不如相忘相离,各自去追求与道为一、"独与天地精神往来"(《天下》)的崇高境界。据《天运》篇记载,庄子还说过:"忘亲易,使亲忘我难;使亲忘我易,兼忘天下难;兼忘天下易,使天下忘我难。"不仅自己要忘亲忘天下,而且还要使亲人和天下人忘掉自己,这是多么彻底的孤独啊。

萨特的自由虽然是积极入世的,但他也否认人群共有的自由。他认为人是"无依无助"的,是"孤寂"的,每个人的自由都是对他人的自由的限制。萨特说:"每个人仅仅在反对别人的时候,才是绝对地自由的。"①在他看来,个人的自由必须以邻为壑,否则不仅自己得不到自由,而且存有限制他人自由的可能性。他说:"对别人进行宽容,就是用暴力把别人抛进宽容的世界中。这是原则上剥夺他如果在不宽容的世界里可能有发展机会的勇敢反抗、坚持斗争、贯彻自己主张的自由的可能性。""因此,尊重别人的自由是一句空话。而且,即使我们能够做到尊重这种自由,我们对别人采取的任何态度也都会成为对我们所尊重的这种自由的侵犯。"②照此说来,要不妨碍别人的自由,只有对任何人都毫无同情,漠不关心,这就是萨特所谓对任何人都不信赖的无依无助的"孤寂"。

萨特还有一句名言:"地狱就是别人。"一般人认为"地狱里有硫磺,有熊熊的火堆,有用来烙人的铁条",萨特则强调"用不着铁条;地狱,就是别人"。③照此说来,人和人之间必须彻底离异,一切社会联系必须彻底割断。萨特习惯于把自己看作一个个体,漠视个人的存在与社会的联系,以此为基础他建立了一整套理论:"我是'孤独的人',就是说是一个因其思想的独立性而与社会相对抗的人,这个人不欠社会任何情分,社会对他也不起任何作用,因为他是自由的。"④显然,庄子与萨特的自由都是纯个人的自由,是以个人的孤独寂寞为特点的。

---

① 《存在与虚无》,转引自刘放桐等编:《现代西方哲学》,人民出版社,1981年版,第565页。
② 《存在与虚无》,转引自《存在主义还是马克思主义》,第66页。
③ 《间隔》(独幕剧,又译《禁闭》),见《萨特研究》,第303页。
④ 《七十岁自画像》,见《萨特研究》,第89页。

（二）

庄子与萨特的自由又都表现为抽象化的自由。——这里说的抽象化即空洞化,脱离具体事物,没有现实目标。

庄子的自由只是一种得道的神秘体验,是一种绝对"虚静无为"的精神状态。庄子在《应帝王》中说:"无为名尸,无为谋府,无为事任,无为知主。体尽无穷,而游无朕;尽其所受乎天,而无见得,亦虚而已。至人之用心若镜,不将不迎,应而不藏,故能胜物而不伤。"这是至人的自由境界,这种境界不求名,不求利,无知无为,虚而任天,没有任何现实的内容。至人的自由之心像镜子一样是宁静的、被动的,因而这里的"胜物"也不过是独立于物外的意思。他在《齐物论》中又说:"圣人不从事于务,不就利,不违害,不喜求,不缘道;无谓有谓,有谓无谓,而游乎尘垢之外。"这段话清楚地说明庄子追求的自由境界是完全超脱于现实生活的,是没有什么具体目的的。

萨特与庄子一样,也鼓吹为自由而自由,强调自由除自身以外没有任何目的。萨特认为:"'是自由的'并不意味着'如愿以偿',而是相反,意味着'由自己决定自己去想望什么'。换句话说,成功与否,对自由而言是不关重要的。"[1]萨特强调,经验上的

---

[1] 《存在与虚无》,转引自《萨特及其存在主义》,第65页。

和通俗的自由概念是历史情况、政治情况和道德情况的产物,相当于达到被选中的目的的努力,而他所说的自由则是专门概念和哲学概念,这一概念只意味着选择的自由,并没有一定的目的。后来萨特还说过:"今天,我们的自由仅仅是自由选择,为了自由而斗争。"①自由即自由选择,自由选择的目的还是"为了自由",自由没有自身以外的目标。

一九六八年五月法国发生了一次学生运动,萨特事后回顾这一运动时说:"五月运动是第一个暂时实现了某种与自由相近的东西的大规模社会运动;从这一点出发,这个运动曾经努力探求什么是行动中的自由……当自由被理解为政治目的的时候,现在必须努力去从正面描述自由。因为,归根结底,在街垒上造成六八年五月事件的那些人要求的是什么呢?他们什么也不要求,至少不要求政府可以让给他们的任何明确的东西。这就是说他们要求一切:要求自由。"②可见,萨特所赞赏的"从正面描述自由"就是"什么也不要求",就是不要求"任何明确的东西",而这恰恰是"要求一切",是"要求自由"。这说明萨特的自由在理论上是抽象化的自由,在实践上必然导致盲动主义。总起来看,庄子与萨特的自由都是脱离改造现实的社会实践的,都是没有现实目标的,因而都是抽象的。

---

① 《答加缪书》,见《萨特研究》,第39页。
② 《七十岁自画像》,见《萨特研究》,第95页。

（三）

庄子与萨特的自由又都表现为绝对化的自由。——所谓绝对是指无条件的、无限的、永恒的。

前面曾讲到庄子的自由是有条件的,那是就实现自由的过程而言;这里讲庄子的自由是绝对化的,是就其所获得的自由境界本身而言。借用佛教的语言来说,庄子的自由是从"渐悟"到"顿悟","渐悟"的修养过程是有条件的,而一旦"顿悟",就进入了绝对圆满的境界。在庄子的自由境界里,没有时间的流逝——无古无今,无死无生;没有空间的限制——无形无迹,无穷无朕。这里无爱无恋,无失无得,无喜无忧,摆脱了尘世的一切矛盾纠纷,超脱了现实的一切束缚局限。当自由的体验超越了一切有限的、相对的事物之后,便进入了一片虚廓、静谧,享受到了绝对的和谐、恬悦。

同样,萨特的自由也是绝对化的。萨特说:"我们要求是以自由为目的的自由,是在各种特殊环境下均有的自由。"[①]这种自由是没有例外的,所谓不自由只是没有意识到自己有选择的自由。"自由是选择的自由,而不是不选择的自由。事实上,不选择就是选择不选择的一种选择。"[②]经过萨特这样巧妙地解释,一

[①]《存在主义是一种人道主义》,见《存在主义哲学》,第355页。
[②]《存在与虚无》,转引自《存在主义述评》,第127页。

切人在一切状态下都是自由的,自由成了没有例外的绝对。萨特之所以如此强调自由的绝对性是因为他把自由当作本体论概念,认为自由是"自为"的存在的属性,是与人的存在同生并有的,换句话说,你只要承认自己是存在的,你就要承认自己是自由的。萨特把不相信这种绝对自由的人称为"想向自己隐藏他们的存在的绝对任意和绝对自由的人",他对这些人"加以评判"说:"对于那些出自严肃精神或借决定主义的辩辞来向自己隐藏他的绝对自由的人,我将称之为懦夫。"①这真是绝好的"评判",你不承认自己是懦夫吗?那你就得接受萨特的"绝对自由"。

虽然我们说庄子与萨特的自由都是绝对化的自由,但这里绝对化的含义却有所不同。庄子强调的是自由境界的绝对性,是经过修养以后所得到的绝对圆满的精神体验,而萨特所强调的则是自由存在的绝对性,强调自由无所不在,没有例外。二人在理论上的追求则都表现为绝对化倾向。

(四)

庄子与萨特对社会及人生的看法都是悲观的,然而他们都要为自己的悲观主义罩上一层乐观主义的轻纱,所以他们的自由都表现为乐观与悲观相交织的自由。

---

① 《存在主义是一种人道主义》,见《存在主义哲学》,第 356 页。

庄子在《齐物论》中说：人"一受其成形，不亡以待尽，与物相刃相靡，其行尽如驰，而莫之能止，不亦悲乎！终身役役而不见其成功，苶然疲役而不知其所归，可不哀邪？人谓之不死，奚益！其形化，其心与之然，可不谓大哀乎？"庄子还借楚狂人接舆之口说道："凤兮凤兮，何如德之衰也！……天下有道，圣人成焉，天下无道，圣人生焉。方今之时，仅免刑焉。"(《人间世》)庄子认为人忙碌一生的结局是可悲的，社会现实是毫无指望的，能避开祸害、保全生命就很不错了。这种悲观主义论调和他的命定论立场是完全一致的。

然而庄子有着比一般悲观论者高明的地方，这就是他对现实持一种超脱放达的态度，在不幸的地基上构筑了乐观主义的宫殿。他追求与道为一的精神境界，向往个体人格的超然独立，在思想的纵横飞翔中悠然自得，融融自醉。这就给庄子哲学染上了一片乐观主义的霞光，给人一种馨宁、静谧、怡悦的美感，使人忘却现实中的不平，得到精神的慰藉和享受。正是这种乐观主义因素使庄子哲学赢得了更多的欢迎，使中国历史上的许多失意的知识分子获得了精神的避难所。

存在主义一向被批评为悲观哲学、死亡哲学，萨特虽然与其他存在主义者有所不同，但其基本倾向也是悲观主义的。他认为："人生来就带着烦恼……人只要不肯自欺，就无法避免这种令人苦恼的思想。"[①]萨特的这种不可救药的悲观意识也来自他

---

① 《存在主义是一种人道主义》，见《存在主义哲学》，第339页。

的本体论。因为存在的本体——人的自我意识,一旦意识到自己的存在,就会发现意识是一片虚无,而外部世界则是不可思议的荒谬,这时人处于孤立无援的自由之中,有绝对的选择的权利,却没有丝毫的胜利的保证,因而存在、自由、不幸天生就是一棵藤上的几个瓜。所以萨特断言,那些无忧无虑的人只是在隐藏忧虑,逃避烦恼,并非真的在烦恼之外。他还经常讲到"孤寂""绝望"。所谓"孤寂"就是"在他身内或身外,都不能找到任何可依恃的东西"[①],他必须独自对自己的不幸遭遇负责。所谓"绝望"就是对自己的未来、对自己的事业、对世界的明天不能有希望,因为没有任何必然性的力量能保证你的目标实现。

然而萨特却硬不承认他的哲学是悲观主义的,他说:"当我们把这一些话说完做完后,我们遭受他人指责,这实际不是因为我们主张悲观主义,而是因为我们有一种乐观主义的顽固。"[②]他还说:存在主义"不可称为是悲观主义的人生观,因为它主张人的命运在自身,再没有比它更乐观的学说了。"[③]其实,在萨特那里,悲观主义也罢,乐观主义也罢,出发点都是一个,即人是自由的。萨特的逻辑是:因为人是自由的,他没有任何依恃,全靠自己选择一切,所以人生充满了烦恼、孤寂和绝望;同样,因为人是自由的,没有任何人主宰他,他可以自由选择一切,所以人生又

[①] 《存在主义是一种人道主义》,见《存在主义哲学》,第342页。
[②] 《存在主义是一种人道主义》,见《存在主义哲学》,第348页。
[③] 《存在主义是一种人道主义》,见《存在主义哲学》,第349页。

是高度乐观的。用乐观主义的花瓣装饰悲观主义的灵柩,这对于庄子和萨特来说是共同的。

(五)

庄子与萨特的哲学体系都是复杂的和充满矛盾的,因而他们的自由观也表现出了复杂的形态,既表现出虚假的一面,也表现了某种真实的特点。他们所追求的自由都是具有虚假与真实的二重性的自由。

前面已经说过,庄子在现实面前是一个退却者,他的基本态度是无心无情,安然顺命,所以庄子的自由在本质上是虚假的。庄子说:"自事其心者,哀乐不易施乎前,知其不可奈何而安之若命,德之至也。"(《人间世》)"德之至"即精神的自由境界,在这种自由境界中包括三方面内容:第一,自由是以"知其不可奈何而安之若命"为条件的,这种态度完全是消极的、被动的;第二,所谓自由境界要做到"喜怒哀乐不入于胸次",即摒绝一切人世的感情、意志和思想,做到心如死灰,形如槁木;第三,所谓自由人只是"自事其心",就是要让思想在自身的领域中作"逍遥游"。这三方面内容充分表现了庄子自由观的虚假本质,他的自由不过是在命定论基础上幻演出来的海市蜃楼。

但是,庄子的自由也还有其真实的一面,他要保持不为任何事物所左右的超然态度,生死得失、是非好恶、喜怒哀乐都不足以动心,这确实能在一定程度上减轻或摆脱现实生活带来的精神痛苦;傲视权贵、淡泊名利、安贫乐道,这种态度确实能在一定条件下保持自己出淤泥而不染的人格独立。庄子辛辣地嘲讽为国君服务是"舐痔",把国相之尊位比作"腐鼠",对楚王的重金之聘不屑一顾,这种不与权贵同流合污的气节也是他的精神自由的表现。庄子的这种超脱态度和孤傲气节往往要激怒专制主义者。韩非子就曾说过:"赏之誉之不劝,罚之毁之不畏,四者加焉不变,则其除之。"(《韩非子·外储说右上》)显而易见,像庄子这样不受官爵赏誉、不惧刑罚罪祸、不与统治者合作的知识分子,当然不会被专制主义者所容。这也从反面证明庄子的自由不完全是虚假的。

萨特的自由不同于庄子的纯玄想的自由,但其实质也有虚假的一面。这种自由不要理智的支配,没有现实的目标,因而表现为极大的盲目性和随意性。萨特根本否定客观趋势的存在,因而他的主观随意性不能不受到客观现实的惩罚,自由选择必然会表现为自由碰壁。萨特告诉人们,选择自己的行动时不必有目的、不应抱希望,"我们应当不怀希望地行动着",没有希望也就无所谓失望,于是自由就成了没有例外的绝对。

我们认为,在德国法西斯统治时期的法国是没有自由可言的,自由必须通过斗争去争取,萨特本人实际上也参加了这种斗争。但是他在理论上却不认为斗争是获得自由的手段,也不认为自由是斗争的目的,相反,他认为在法西斯的占领之下,每个人仍然是自由的,因为每个人都可以在心里说个"不",这本身就是自由。萨特的这种自由在我们看来是荒谬的,在他看来却是理所当然的,因为萨特把否定当作自由,"自为"始终有权否定"自在",所以始终是自由的,否定就是自由。显然,这种自由是软弱无力的。萨特认为这种理论可以剥夺那些叛徒懦夫向法西斯投降的口实,可以激励人民奋起反抗。然而,这种理论上的自由并不是真实的自由,而且很容易转化为对敌人的宽赦,那就是说:法西斯从来没有剥夺法国人民的自由。萨特取消了实现自由的条件和争取自由的目标,把自由夸大为普遍永恒的绝对存在,从而使自由成了一种虚假的东西。

如果说萨特的自由观是百分之百的空话,那也不符合实际。萨特的自由观中包含着这样一个合理内核,即人具有选择自己行为的自觉性和能动性,因此人应该对自己的行为负责。如果不把这一点夸大为无条件的绝对,那么这一点是正确的。正因为萨特的自由观中包含了这样的合理内核,所以他的自由观在某种特定环境下可以起到一定的进步作用,具有一定的真实性。这也是他的理论为什么曾被人们誉为反对投降的哲学宣言的根本原因。萨特本人拒绝接受诺贝尔奖金等"任何来自官方的荣誉",他毫不畏惧右派势力多次的暗杀威胁,这也说明他的自由观具有某些真实的因素。

庄子与萨特的自由观具有虚假与真实的二重性。如果不批判它们的虚假性,就会把人们或者引向看破红尘、无所作为的冥想,或者引向不要理智、乱碰乱闯的冒险。但如果不承认它们的真实性,则无法解释这两种理论为什么会在社会生活中产生广泛的影响,也无法理解、吸收和利用这两位哲学大师对人类思想所作出的贡献。

第六节

两种理论的得失

真正的自由仍在于对必然的认识,在于历史的发展、人类的实践。真正的自由似乎只能是现实的自由、具体的自由、集体中的自由。脱离必然性的自由、纯粹个人的自由、绝对普遍的自由都可能是虚幻的。

我们已经比较和分析了庄子与萨特在自由观上的相似之处和不同之处,现在我们还有必要对这两种自由观在理论上的得失作一简单的总结和初步的探索。人类对自由的理论探索已经经过了漫长的历程,简单地回顾一下这一历程对于我们认识庄子与萨特的自由观的历史地位是有好处的,同时这也有助于我们批判地剥离庄子与萨特思想中的合理碎片。

(一)

回顾自由观的发展简史,我们可以看到三条主要的演进线索。第一条线索是从脱离必然的自由到承认必然的自由。在一个很长的历史时期内,无论是唯物主义哲学家还是唯心主义哲学家都没有把自由与必然联系起来。在西方哲学史上,第一个把自由与必然联系起来的是斯宾诺莎。他曾讲过:"说必然和自由相互对立,……这在我看来是和理性相违背的。"①斯宾诺莎认为,人之所以受奴役,不是由于他服从着必然性,而是由于他盲目地服从着必然性。人的自由在于对必然有自觉的认识,在于通过理性对感情的控制和指导而达到对必然的顺应。斯宾诺莎把自由与必然联系起来,这在人类认识史上有着重要意义。然而斯宾诺莎的自由观是建立在机械论基础之上的,他还没有深入地揭示自由与必然的辩证关系。

第一个辩证地解决自由与必然的关系的是黑格尔。恩格斯对黑格尔的这一贡献作过很高的评价,他说:"黑格尔第一个正确地叙述了自由和必然之间的关系。在他看来,自由是对必然的认识。'必然只是在它没有被了解的时候才是盲目的。'"②黑

---

① 斯宾诺莎:《信札·致包赛尔》,转引自茹罗蒂:《论自由》,商务印书馆,1962年版,第125页。
② 恩格斯:《反杜林论》,人民出版社,1970年版,第111页。

格尔在《小逻辑》中讲道:"无疑地必然作为必然还不是自由,但是自由以必然为前提,包含必然性在自身内,作为被扬弃了的东西。"①然而,黑格尔关于自由与必然的辩证法仅仅是"绝对理念"外化过程中的一个环节。真正把自由与必然的辩证关系放到社会物质生活之中的是马克思主义。马克思主义的自由观强调自由是对客观规律的认识和利用,"自由不在于幻想中摆脱自然规律而独立,而在于认识这些规律,从而能够有计划地使自然规律为一定的目的服务"②。

现在,我们以上述历史为背景考察庄子和萨特的自由观的历史地位。我们已经说过,庄子看到了贯穿世界万物之中的客观必然性,他的自由观包含着要顺从客观必然性的合理因素。不错,庄子有"摆脱"客观必然性的愿望,然而,这种愿望正是承认必然性存在的反映。庄子要通过因顺必然而取消与必然性的磨擦,通过无心无情的修养而忘却必然性的压力,他是在承认客观必然性的基础上追求自由的。仅就这一点来说,庄子接近了斯宾诺莎,即肯定了自由与必然的联系。在人类认识史上,庄子是第一个在承认必然性的同时追求自由的,这是庄子自由观中的一个合理因素。然而庄子抹杀了人在现实生活中的主观能动性,一切"寓于不得已"(《人间世》),采取完全被动的生活原则,这是庄子自由观的主要错误。

---

① 黑格尔:《小逻辑》,商务印书馆,1981年版,第323页。
② 恩格斯:《反杜林论》,第111页。

萨特的自由观与此不同,他把自由与必然对立起来,为了充分肯定人的自由,他不仅反对对上帝的信仰,而且抹杀一切客观必然性。他武断地说:"每一位建立决定论的人,都是一个不老实的人。"①他一方面抹杀一切必然性,一方面把人的能动性强调到极致。他认为每一个人都可以自由选择自己的本质,可以选择自己成为英雄,也可以选择自己成为懦夫。在庄子和萨特的自由观中,我们可以看到两种对立的思想倾向:一种是强调客观必然性,抹杀主观能动性;另一种是抹杀客观必然性,强调主观能动性。而合理的自由观则应该强调在认识客观必然性的基础上发挥主观能动性,包容庄子与萨特自由观中的合理因素,从而达到更为全面、更为高级的理论形态。

(二)

自由观发展的第二条线索是从非历史性的自由到历史性的自由。这里所说的历史性可以有两层含义。其一,人的自由本身是不是有一个历史发展的过程;其二,人的自由与社会历史的发展有没有联系。这两层含义在观念上是不同的,在实际中却是一致的,我们可以把这两层含义统称为自由的历史性。在奴隶社会和封建社会,几乎没有人考虑到自由与历史的关系或自

---

① 《存在主义是一种人道主义》,见《存在主义哲学》,第 355 页。

由本身有没有历史性的问题。在这个问题上,斯宾诺莎也没有超出他的前辈,他讲的对必然的认识也没有涉及历史演进的过程。第一个提出自由的历史性的是黑格尔,他认为自由是有程度、有过程的,自由随着对必然性的认识的深化而逐步发展。但是黑格尔所说的历史仍然是绝对精神异化并复归的历史,不是人类真实社会生活的历史。马克思主义则强调把自由与人类社会的发展史联系起来阐明自由的历史性。恩格斯说:"自由是在于根据对自然界的必然性的认识来支配我们自己和外部自然界;因此它必然是历史发展的产物。最初的、从动物界分离出来的人,在一切本质方面是和动物本身一样不自由的;但是文化上的每一进步,都是迈向自由的一步。"[①]

庄子和萨特的自由观都是没有历史性的。庄子认为,自由的实现是需要一个修养过程的,如"坐忘""外物"等,但一旦"顿悟",便得到了绝对永恒的和谐,自由境界本身不再有发展和演化,与现实的历史更没有丝毫联系。萨特认为,自由只是一次次任意的选择,是一次次行动的偶然堆积,自由没有程度的深化,也没有历史的发展。庄子的自由是一次完成的,萨特的自由是始终存在的,这两种自由观都在理论上取消了人们不断追求自由的必要性,取消了人类的自由从低级阶段逐步走向更高阶段的可能性。

---

① 恩格斯:《反杜林论》,第112页。

（三）

自由观发展的第三条线索是从思想的自由到实践的自由。斯宾诺莎认为自由是理智对情感约束的结果,通向自由的唯一之路就是认识之路,知识越多,自由的程度越高。黑格尔也强调认识对于自由的重要意义,他说,"必然性的真理就是自由"[1],每个时代所能达到的对必然的认识也就是自由的尺度。斯宾诺莎和黑格尔关于自由的论述都是崇尚理性的,我们可称之为理性的自由。叔本华是唯意志论的鼻祖,他把意志当作世界的本质,贬低理性,否认客观规律,他所说的自由是意志的自由,意志自由只有在那种自我意识的直觉行动中才能实现。尼采继承了叔本华的唯意志论,并用权力意志取代了叔本华的抽象的世界意志。理性的自由和意志的自由虽有区别,但它们都是思想领域内的自由,而不是实践中的自由。

庄子与萨特的自由基本上都是思想领域中的自由。庄子追求的是纯精神的享受,是玄想的自由,这种自由与人类的社会实践不发生任何关系(庄子要泯灭情感、思维和意志,因而他的自由既非意志主义的,亦非理性主义的)。萨特的自由基本上是意

---

[1] 黑格尔:《小逻辑》,第322页。

志的自由,他的自由选择就是意志的自由决定,他虽然强调行动,但他的行动不过是意志的冲动。总之,庄子的自由和萨特的自由较实践的自由都是相去甚远的。

综上所述,我们不难看到,无论从哪一个方面来看,庄子与萨特的自由观都没有达到实践的自由观的水平。尽管萨特表示要补充和修正马克思主义,但他在理论上和实践上都未能给马克思主义提供更多有价值的东西。

(四)

那么,通过剖析庄子与萨特的自由观,我们可以得到什么有益的启示呢?

首先应该看到,不承认必然性的存在,就不可能了解自由。没有必然的世界是混沌的世界,脱离必然的自由是虚假的自由。自由的可能性就在于必然性的存在,对必然性的认识为我们指明了行动的方向并提供了达到预期效果的保障。萨特的自由以否认一切必然性的存在为前提,因而他的自由只能是盲目的、任性的自由。黑格尔早就批判过这种任性的自由,他说:"就任性作为决定这样或那样的能力而言,无疑地是自由意志的一个重要环节;不过,任性却不是自由的本身。""任性的内容是外界给予的,……就这种给予的内容来说,自由只在于选择的形式,这种表面上的选择,也只是一种形式的自由,因此也可看成只是一种主观假想的自由。"①黑格尔的批判是精彩的。尽管萨特极力贬低黑格尔的辩证法,但是在我们看来,萨特所追求的自由正是黑格尔所批评的那种任性的自由。

同时我们还应该看到,仅仅承认必然性的存在还是很不够的,还必须认识和把握必然,达到利用必然改造世界的目的。自由在于认识必然,在于"借助于对事物的认识来作出决定的那种能力"②。庄子虽然承认了必然性的存在,但他的必然性不是可认识的客观规律,而是无法捉摸的"天"和"命",他的自由不是能动地认识必然的结果,而是对必然无可奈何的消极态度。这种盲目地随顺必然的态度也不能导致真正的自由。

此外还应该看到,脱离群体、脱离社会是不可能得到自由的。青年时代的马克思也曾经指出:"只有在集体中,个人才能获得全面发展其才能的手段,也就是在集体中才可能有个人自由。"③庄子和萨特的自由都是脱离人群的、纯粹个人的自由。庄子虽然没有隐遁山林,但他身在人群之中,心在人群之外,在思想上主张彻底脱离社会。萨特也不是要漂流于孤岛,而是要单枪匹马地冲闯拼杀,主张对他人的劝告听而不闻,对他人的存在视而不见,甚至认为他人就是地狱。这两种纯个人的自由都是不可以实现的。鲁滨孙一个人在荒岛上没有自由,只是在得到"星期

---

① 黑格尔:《小逻辑》,第 302 页。
② 恩格斯:《反杜林论》,第 111 页。
③ 马克思:《德意志意识形态》,见《马克思恩格斯选集》第一卷,第 82 页。

五"的帮助之后才有了一点儿自由。脱离人群的纯个人的自由在原始时代是不可想象的,在人类生活高度现代化、社会化的今天同样是不可能实现的。萨特晚年也认识到了自己的错误,他在七十岁的时候说:"一个人必须完整地为他的邻人而存在,而他的邻人也必须完整地为他而存在,这样就能建立真成的社会协调。"[①]

最后还应该看到,关于普遍的绝对的自由的神话只能把人引入空想或盲动,不能给人以任何实际利益。只有具体的实践的自由才可以把人们一步一步带入更高的自由领域。庄子的"顿悟"不能给人带来现实的自由,萨特的与生俱来的个人选择也只能是乱碰运气。这两种脱离社会历史进程的自由都只能是主观假想的自由。

(五)

庄子和萨特的自由观作为在历史上曾产生过广泛影响的思潮已成为过去,然而他们的思想为什么能产生历史影响,为什么在海峡两岸都曾经产生过广泛的波及面,这是值得我们认真思考和探索的。

庄子在中国历史上产生了两千多年的影响,萨特在现代西方世界也曾掀起过思想热潮,其中的原因是复杂的,但可以肯定

[①]《七十岁自画像》,见《萨特研究》,第60页。

的一点是,他们的思想中必定有能够拨人心弦的因素,否则就无法解释为什么千千万万的人会自觉或不自觉地接受他们思想的影响。

以庄子为例,庄子提出了许多荒谬的命题,但他揭示了社会生活中隐藏着的客观必然性,他提出了如何在无可奈何的社会现实中寻求精神解脱的问题,他教人如何在更高的认识层次上摆脱名利欲望给人带来的烦恼,这些对于人类思想的发展史都不是毫无意义的。再看萨特,他倡导个人的自由选择,强调个人要对自己的行为负责,强调个人道德意识的责任感,强调人格的独立和尊严,反对把一切过失都归咎于外在的必然,反对把有血有肉的人当成没有思想的物质存在,这些也不是全无合理因素的。庄子与萨特各自在不同的时代从不同的角度追求个人的自由,他们分别抓住了人类认识曲线上的一些合理的片段。

庄子的逍遥游以逃避现实为快乐,既不要社会权利,也不要个人义务;既不与反动势力同流合污,也不与进步力量并肩为伍。这种纯个人的自由似乎会涣散民族的内聚力,销蚀人民的抗争性,然而这种逍遥游为什么会产生长久的影响,以致今天还为人所欣赏呢?恐怕根本原因就在于庄子的逍遥游提出了一个带有普遍性的问题,这就是在不可抗拒的必然性面前,或在无法改变的不幸现实之中应该怎么办的问题。当然,最理想的境界是我们认识必然,改造现实,然而必然性不总是以规律的形式呈现在人们的面前,社会中的不合理现象也不可能一夜之间全部消除,在这种情况下应该如何做呢?孔子会知其不可而为之,屈原会投江一死了之,庄子则主张彻底忘却现实,去寻求纯精神的享受,相比较之下,庄子的选择未必是最坏的出路。

事实上,当一个人遇到不可改变的不幸或挫折之后,我们会以更远大的目标激励他,也会以其他的更为不幸的事实来安慰他,或者帮助他把注意力转移到其他方面,以求在忘却中排遣他的郁闷和不快,这中间就包含着精神的自我升华和自我解脱的因素,因而和庄子的逍遥游有了相通之处。庄子的逍遥游或鼓励人们去追求与宇宙万物融为一体的体验,或揭示宇宙万物大小高低的无限层次,从而劝告人们不必拘泥于其中的任何一个层面,或帮助人们忘却现实中的不幸,以保持心灵的平静,这实质上都是一个精神解脱的问题。这虽然不是真正的自由,却也可使人暂时感到怡愉自适,心气平和。这就是庄子哲学尚有一定影响的社会土壤。

萨特的自由鼓吹盲动主义,必然会导致无政府主义,这对社会的进步、生产的发展也是不利的,对于青年正确表现自己的责任感也是有害的,因而也是不应该盲目提倡的。但是萨特的绝对自由论也提出了一个普遍性的问题,这就是人有没有自主的选择权的问题,萨特把这种自主权夸大为绝对显然是有害的,但否定这种自主权也是错误的。我们的选择应该是适应客观规律的发展的,但是在客观规律充分暴露以前,人们有没有选择的自由,应该怎样运用这种自由,这就是需要我们研究和回答的问题。在这方面,萨特哲学还是有其理论意义的。

　　总体来说,真正的自由仍在于对必然的认识,在于历史的发展、人类的实践。真正的自由似乎只能是现实的自由、具体的自由、集体中的自由。脱离必然性的自由、纯粹个人的自由、绝对普遍的自由都可能是虚幻的。不过,自由也可以是一种个人的体验,从这个意义上来讲,没有人可以为我们规定一个唯一正确的自由的理论,每个人都可以探索实现自由的新路,只要这种探索是真诚的,无论有什么成败得失,都是值得他人借鉴的。正是在这个意义上,庄子和萨特关于自由的理论与其他思想家的思想成果,都是有不可磨灭的历史价值和现实意义的。

后　记

人生难测　自由难求

匆忙中来到新加坡任教,忽然接到本书的校样,不免有点儿感慨系之。本书是在数年前完成的,现在才出版,有必要介绍一下其中的透迤曲折,更有必要从现在的角度讨论一下原来的课题,交代一下我思想观点的发展和变化。另外我还要简单介绍、讨论一下柏林(Isaiah Burlin)关于自由问题的理论。他的《自由四论》(*Four Essays on Liberty*)是我到美国后,孟旦(Donald Munro)教授介绍我看的第一本书。他的理论在西方影响很大,讨论自由问题不能不提到他。

十 年 波 折

谁能想到,这样一本小书,从写作到出版竟然经历了十个春秋,一波三折,命运蹇涩。

　　大约在一九八〇年前后,社会上出现一阵比较研究的热潮,但会议文章多是放言高论,动辄"中国""西方"大比一番,出口则是上下五千年痛批一顿,到处是"横空出世"的精英高论,好像大桥飞架,却看不到几根"脚踏实地"的桥柢支撑。我有些失望,有些寂寞,无力挽狂澜,便想作些具体的实在的比较研究。我认为具体细致的研究是桥柢,有了许多坚实的桥柢,才可能有可靠平稳的桥面,否则凭空飞起的大桥就是中听不中用的空话。

　　至于选择萨特与庄子作比较研究还有更早的原因。一九七八年我进入北京大学学习中国哲学史的时候,当时学术界经常把庄子与西方近代的生命哲学、意志主义、存在主义相提并论,这刺激我读了许多有关西方主观唯心主义哲学家的书,很想把庄子与某一个主观唯心主义者作一个深入的比较。当时熊伟教授也让他学习存在主义的研究生选修老庄哲学的课,海外也有把存在主义与道家进行比较的著作传入,而萨特恰巧既是哲学家又是文学家,这与我原有的中文系的学习背景也正好相合,于是我决定选择庄子与萨特作一个比较研究的尝试。

　　文章写好后,心中有些惴惴不安。虽然写作时参阅了几乎当时北京所能找到的所有的有关存在主义的中英文著作,但加起来不过一二十种,而且多是一般性的介绍、批判,深入的研究和全面的翻译尚未开始,所以我对于自己的研究还没有足够的把握。熊伟先生迅即复信,给了我很大鼓励,我的导师张岱年先生也从熊先生那里得到了肯定的答复,这时我才有信心发表自己的文章。当时一家学术刊物准备登全文,一家青年学术刊物准备登九千字的缩写。但由于一些其他原因,当时未能发表。

一两年后,《中国社会科学》发表了全文,接着《新华文摘》发了九千字的摘要。由于陈鼓应先生的推荐,三联书店约我把该文发展成一本小册子。一九八八年,我去美国之前,三联书店表示书稿出版已无问题,不必着急就是。但这一等就没了消息。朋友便把书稿捎到香港地区,又从香港地区寄到美国,劝我在海外谋出版之路。恰巧今年四月应文化复兴总会之邀访问讲学两个月,有幸见到正中书局副总编辑钟惠民小姐,蒙她安排,本书终于付梓出版。

蓦然回首,十年已矣!

人 生 难 测

一部小小的书稿命运尚且如此,它的主人又能如何呢?如果我能活七十岁,生命已过大半。大半生漂泊无定,后半生也是飘渺难测。

生下来还不记事就跟着父母转了半个中国,在北京上了一段托儿所,然后到天津上完了中小学。正在准备考大学的关头,被送到农村去"接受贫下中农的再教育"。在内蒙古草原上种了五年麦子,苦辣酸甜,一言难尽。三年大学生活,左右翻滚,上下浮沉,两年教书,办"内蒙古自治区知识青年共产主义劳动大学",校名之长,可入世界之最。人生最美好的十年便留给了大草原、大青山和一泓岱海之水。

一九七八年似乎时来运转,考上了北京大学的第一批研究生,毕业后到中华书局当编辑,又回北大当了第一批文科博士生,毕业后留校任教,做讲师,升副教授,似乎前程似锦,一片光明。一九八八年到美国哈佛大学、密歇根大学访问研修,更是锦上添花,踌躇满志。转眼在美国已有五年多,虽看书、写书、教书不无所获,却难平北大之思。奇怪的是,心里想着北大,身子却到了新加坡的"国大",薪水尚厚,学子可爱,下一步会怎么样?我也不知道。

这似乎就是存在主义所说的人生的荒谬。

自 由 之 苦

交代往事是为了说明思想上的一些发展和变化。

在我写这本小书的时候,我对萨特思想的理解完全是理论上的,萨特为什么会有那样的思想,我没有实际的体会了解。在美国游学的生活,使我明白了萨特那些怪诞难解的思想在一个自由的国度里产生是很自然的。中国人多把自由看作一个绝对的正面价值。冲破传统就包括了追求个人自由。"生命诚可贵,爱情价更高。若为自由故,二者皆可抛"的诗句便代表了、影响了中国人，特别是年轻人对自由的憧憬与向往。追求自由的中国人很难把美好的自由与焦虑、孤独、绝望、烦恼、荒谬这样的负面价值联系起来。

没有选择的机会是一种痛苦，在对于情况一无所知，对于后果揣测不定的情况下不得不作选择也是一种痛苦。在传统的社会里，一个年轻人的出路，大体上是由社会地位、父母影响、传统习俗决定的，很多事不需个人作选择，或不能由个人作决定。在美国这样充分个体化的国度，一切都要你自己作决定，你有了太多的选择的自由，以致你不知该如何运用这种自由。在你无力选择、不想选择的时候，你还得自己选择，因为这里既没有上帝替你选择，也没有集体无所不在的关怀，你只能面对茫然无知的一切自作主张。该回国还是该留下？该上学还是该找工作？学电脑还是学文学？找得到奖学金还是找不到奖学金？毕业后找得到工作还是找不到工作，找不到工作是否得改行？这一切都是在不知后果的情况下必须作出选择、作出决定的，而这样的选择和赌博、碰运气又有什么两样？如果人的一生都在这样认真地碰运气，那不是荒谬又是什么？许多事对人生来说都只有一次，都没有重复的机会，因此每个人都是在没有经验、不知后果的情况下作选择、作决定的，而当他获得经验，发现选择错误或能够作更好的选择的时候，他已永远失去了纠正错误或重新选择的机会。是上帝在有意捉弄我们，还是上帝早已抛弃了我们？

一个人事无巨细，时时处处都要自己作选择，这能不烦恼吗？而他对选择的后果毫无所知，捉摸不定，这能不焦虑吗？不论事情多么重大，都必须自作主宰，没有上帝垂爱，没有他人关心，没有群众的监督，这能不孤独吗？当他发现自己作了错误的选择时，他已永远失去了选择的机会，他能不绝望吗？

我终于明白了为什么存在主义者能够把美好的自由与人生的荒谬联系起来、等同起来。我总算有了一点进步，不过，这进步的代价是够高了。

当然，我绝不是说我们不应该、不必要去追求自由。

逍 遥 之 难

大约在一九八五年，陈鼓应曾问我，为什么不能对庄子评价得再高一点？我回答说："我的评价已经是最高的了，在目前的条件，不能再高了。"陈先生马上问我身边的同事和朋友："是这样吗？"朋友的回答："是这样，庄子思想太消极，不能评价太高了。"当时我还是自觉地束缚自己的思想的。

在美国作演讲或参加学术讨论，常有人问我："你本人是道家吗？"开始我总是心安理得地回答："我研究道家，但我本人不是道家。"但是，近两年来我却会说："很惭愧，我虽然研究道家，但是还没有达到道家境界。"这是因为我自己的价值观念发生了重大变化，同时在困境中对逍遥游的境界之高之难有了切身的体会。

价值观念的变化是从僵化封闭到开放多元。在原有的价值体系中，革命、斗争是绝对的正面价值，与之相联系的积极、主动当然也是正面价值，而消极、被动当然是负面价值，或者说，根本不是价值。但是在我深入研究道家之后，我发现道家的自然无为仍然有其不可抹灭的价值。最直接、最明显的一点就是自然无为的观念有利于克服或防止盲目的努力和过分的行为。人类是常会犯错误的，人类的错误不外乎两大类：一类是因为努力不够、坐失良机而引起的；另一类恰恰相反，是因为努力过头，投入过多而引起的。在近代中国，后一类错误引起的破坏，造成的损失远比第一类错误大得多。努力不够还有一片处女地可供利用，还有省下的人力、物力、财力。而努力过头所造成的破坏则是一片难以利用和清理的废墟，是人力、物力、财力的消耗殆尽，更有心理上的沮丧、压抑和疲惫，其损失之大是无法估量、无法计算的。而道家主张"辅万物之自然"，提倡无为而无不为，正好可以防止和救治这一类错误。

我在本书中说庄子的逍遥游是纯精神的自由，因为"他的基本态度是无心无情，安然顺命，所以庄子的自由本质上是虚假的"，"但是，庄子的自由也还有其真实的一面……"[①]说庄子的自由还有其真实的一面在当时已是一种突破，说庄子的自由在本质上是虚假的是从实践的角度、从改造社会、从参与社会生活的

---

① 本书，第75页。

角度来讲的。从这一特定的角度出发只能得出这样的结论。但是,这不应该是唯一的角度。大千世界复杂多变,人生追求多姿多彩。我们没有理由要求所有的人在所有的时间、场合都投入同样的事情,正如我们没有理由要求所有的人都成为"圣人"一样。因此纯精神的追求、纯精神的自由就有独特的价值,由此来说,我们就不能说庄子的自由在本质上是虚假的。

庄子所陶醉的"乘云气,御飞龙,而游乎四海之外"的境界是一种精神的享受,他所向往的"朝彻""见独""与万物为一""与天地精神相往来"的境界是精神的升华,这种境界当然不是人人都可以实现的,但也并非不可能的。某些人经过特殊的修养是可以进入这种体验的。不过这种境界实现的可能性是无法用理论证明的。对于某些人的主观的精神体验,别人既不能证明其有,也无法证明其无。我相信这种境界的可能性是从气功类体验中得来的。一般说来,气功大师都只教人们功法,却回避描述"得气"以后的体验,因为得气以后的体验类似于幻觉,完全是因人而异的,硬要以别人的体验为实现的目标,那就会练出纰漏,以致损害自身的健康。从蒋维乔的《因是子静坐法》等气功书籍中,我发现至少在气功状态中,类似于"朝彻""见独"式的境界是完全可能的,只是本人没有达到这种修炼水平而已。

先不说那高不可测的神秘体验,单就"喜怒哀乐不入于胸次"的襟怀也非一般人可以达到。人生怎么能没有荣辱升降、是非曲直？面对鲜花美酒、雷电雪霜，又有几人能不生喜怒取舍？有几人能在世态炎凉、伤老病死面前不感到痛苦？在痛苦中怎么可能有自由的精神体验？

在美国的五年多，"楼上楼下，电灯电话"[1]，归则有热浴、出则有汽车，生活虽然舒适，可就是心灵始终不能平静；行动有相当的自由，但心里却不能释然，很少有精神自由的体验。李泽厚先生说，这是我的心理问题，不是实际问题。也许他是对的。但一个人的心灵不感到自由，能算有自由吗？也许萨特会对我说，你从来没有失去过自由，你一直是自由的，你感到不自由是因为你自由地选择了不自由。也许庄子会对我说，你感到不自由是自寻烦恼，是不能"安时而处顺"，不能"游心乎德之和"，不能"外天下"的结果。作为中国人，我更容易接受庄子的批评。我为自己研究庄子而不能得庄子之真精髓而惭愧。

不过，我也很庆幸自己毕竟选择了道家为主要研究对象，而且毕竟受到了道家的一些影响，常常自己为自己解脱一下。否则，像我这样从小受正统教育，习惯于忧己忧人，忧国忧民，不懂得"享受生活"的人，在天惊地泣的大事变之后，在长期的抑郁之中，也许早就步屈原之后尘，葬身于查理士河了[2]。

我希望能把庄子的逍遥游精神真的融入于生命之中。

---

[1] "楼上楼下、电灯电话"是20世纪50年代中国大陆对共产主义理想的一种描述。
[2] 查理士河（Charles River）在哈佛校园旁流过。

必 然 之 惑

在写本书时,我基本上是把马克思主义以承认必然为前提的自由观,当作正确的标准来分析庄子和萨特的自由观。

今天,我只想以更开放的心态,从更高的层次思考社会与人生的哲理,以更为包容的襟怀去尽可能广泛地理解、吸收、借鉴一切人类的优秀的思想成果。

尽管近代中国的有些知识分子,对老庄哲学持相当否定的态度,但庄子的逍遥游还是为很多人所欣赏。这是因为"庄子的逍遥游提出了一个带有普遍性的问题,这就是在不可抗拒的必然性面前,或在无法改变的不幸现实之中应该怎么办的问题。当然,最理想的境界是我们认识必然,改造现实。然而必然性不总是以规律的形式呈现在人们面前,社会中的不合理现象也不可能一夜之间被全部消除。在这种情况下应该如何做呢?孔子会知其不可而为之,屈原会投江一死了之,庄子则主张彻底忘却现实,去寻求纯精神的享受。相比较之下,庄子的选择未必是最坏的出路"[①]。在这一段话里,我对马克思主义的客观必然性的观念提出了一些保留,对庄子的逍遥游作了一点肯定,今天我们对这两方面可以谈得更深入一些了。

[①] 本书第88—89页。

水往低处流,树往高处长,摩擦会生热,汽油可燃烧,这些都是必然,利用这些必然,人们可以用水来发电,用树来挡风沙,让机械运动产生电流,让化学能转变为动能。这是人类可以利用必然实现自由的典型例证,说明人们可以认识必然、掌握必然、改造世界,不断从必然王国走向自由王国。但这些例证蓝本是属于自然科学范围的,人文、社会领域会更复杂。这种论证所证明的自由实际上只是实现某种目的成功的实践,既不是萨特的自由选择的意志,也不是庄子的自由自在的精神体验。

以实现某种目的为特征的成功的自由,在自然科学和技术生产部门是比较容易实现的,在人生、社会的领域就更困难一些。人造卫星、导弹、轮船的制造利用的主要是物理定律和化学定律,处理对象主要是没有自由意志的物质材料,其存在变化的规律比较单纯、比较明显,也相当稳定,因而人们可以逐步掌握这些物质材料的特性去实现和满足人的需要。但是在人生与社会领域中,每个人所面对的都是有意志、有情感、有思想的活生生的人,人作为人类社会的细胞,要比物质分子不知复杂多少倍,研究者和领导者不可能也不应该把活生生的人当作物质分子来对待和处理。对社会现象进行抽样、调查、统计所得出的结果有推测、描述的功用,对预测未来趋势也有助益,但这毕竟不同于物理定律的发现,没有办法作多次的重复试验,没有办法揭示所谓的必然规律,因此在认识必然的基础上实现自由就只是一种幼稚的愿望,是科学主义思潮渗透到人文、社会、政治、哲学领域中的表现。这样,萨特式的盲目选择的自由和庄子式的纯精神的逍遥就有了立足之地。

或许我们可以这样说,马克思式的实现某种目的自由,在自然科学的领域有其合理的根据;萨特式的绝对的选择的自由,在人的意志层面有其实在的理由;而庄子式的逍遥游,则在人的精神生活中有其独特的价值。三种自由观各有其不同的出发点和针对性,因而并不构成绝对的相互排斥和冲突的条件。从理论上讲,这是三种截然不同的自由观。但是从社会实际生活的角度讲,一个人不论他懂不懂马克思、萨特或庄子,都可以因发现规律或诀窍而实现自己的目的,获得成功的自由感;他也可以因为找不到规律而盲目地运用自己选择的权利,全然不顾外界的压力和实际的后果;而当他实在无法面对纷纭多变的现实时,他也可能以超然无情的态度面对周围的一切,达到心灵的安静与逍遥。这样看来,三种不同的自由观都有其现实的意义,不必是此而非彼,也不必站在一种立场上作卫道士,对其他观点大加挞伐。

这种态度很容易被讥为折中、调和,或者被骂为无原则的"和稀泥"。但是我并不介意。一个哲人,不论他生在古代还是现代,中国还是西方,他能在历史上或现实中产生巨大的影响,必定有其深刻的原因,必定有其一定的道理,研究者的责任就在于发现和揭示这种原因或道理,给它在历史上或现实中以适当的位置。从一种立场出发,与其他一切观点划清界限,甚至任意批判,绝不是学术研究的态度。而在实际生活中,偏执于一己之见,对其他理论一概视之为异端邪说也是有害无益的。

知 行 之 别

马克思主义的自由观强调目的的实现,是重视现实效果的,庄子的逍遥游是超现实的,但达到逍遥游的境界却是为了摆脱实际生活中的痛苦,由此来说,庄子的自由也是追求实际效果的。相比之下,萨特的自由是不讲实际效果的。人一生下来就是孤立无助的,没有上帝、没有必然、没有规律,一切都要自己选择,自己选择决定自己的本质,自己选择如何面对外界的一切,这种选择本身就是自由的体现,至于选择的结果如何,与是否感觉到自由没有必然的联系。萨特的态度来自理论上的彻底性,从本体论的角度肯定了人的自由的绝对性,这种自由的绝对性不考虑自由是否能给人带来利益或快乐。如果我们把对自由的理论探讨看作"知"的层次,把自由的实际效果看作"行"的层次,那么萨特的自由观是以"知"为主的,而马克思与庄子倒是比较注重"行"的。由于马克思与庄子的自由观重视自由的人生效果或社会效果,因此有鲜明的价值色彩,而萨特的自由不给人生以任何正面的许诺,反而与孤独、绝望、恶心相联系,因而价值色彩已经模糊了。

萨特讨论的是纯理论的自由,但他也用这种理论来解释现实的政治事件。一九六八年五月,法国发生了一次学生运动,萨特分析这一历史事件时说：“五月运动是第一个暂时实现了某种与自由相近的东西的大规模社会运动……他们什么也不要求,至少不要求政府可以让给他们任何明确的东西。这就是说他们要求一切：要求自由。”①萨特所要求的自由恰恰是"什么也不要求",不要任何现实的具体的目的和效果。他为了理论上的彻底的一元化而放弃了自由对人类的现实利益。

萨特的纯理论的立场,反映了西方学术理论探讨的知行有别的传统,而马克思的知行合一、以行为主的立场在西方是反传统的,与中国的思想传统倒有不谋而合之处。不过我这里所讲的知行分离不是知而不行、言行不一的意思,而是纯学术、纯理论探讨的意思。纯学术、纯理论的探讨在中国往往被当作贬义概念,但我却不是从贬义来说的。近代中国饱受外人的欺压凌辱,生存问题一直是首要问题,因此,精英分子都把主要精力放在救亡图存之上,把纯学术研究看成是一种无助于现实的奢侈行为。

我在写这本小册子的时候,对于西方纯学术、纯理论的研究还没有足够的了解,对萨特的纯哲学思辨的意义缺乏分析和肯定,现在我想指出,纯理论的研究是必要的,中国在这方面是太贫乏了。就以自由观来说,近代中国人一直在追求自由,但近百

---

① 《七十岁自画像》,见《萨特研究》,第39页。

年、近几十年来却很少有从理论上探讨自由观的著作问世。一个充分发展的现代社会必然是一些人专门从事实际工作,一些人专门从事脱离实际的纯理论、纯学术研究,另一些人则活跃于理论与实际的交叉地带:每一方面的工作都是人类社会发展所需要的,都是有意义的,哪一个方面都没有理由自命不凡而傲视或贬低他人。

尽管我本人并不赞成萨特的许多观点,但我们必须承认他在理论上是自成体系、相当一贯和彻底的,他在哲学上的贡献是不会被磨灭的。

传 统 之 异

庄子一方面强调命定之必然,一方面又强烈追求个人的自由,这和中国文化的传统是很协调的。孔子就是既讲"畏天命",又"知其不可而为之",所谓"尽人事,听天命"的说法就很能代表中国人的传统的思维特点,这就是一方面承认外在的必然(天刑,天命),另一方面又不放松对个人自由的追求(庄子)或对个人道德责任的要求(孔子)。中国佛教也是一方面强调人生之苦是无可奈何的,另一方面又强调通过修行可以摆脱轮回,达到涅槃境界。一方面是命运、天意、规律,另一方面是个人自由、道德责任,在西方哲学家看来完全不可能调和的两个方面,中国人却很少究根问底。中国人似乎天生就不把外在的必然与人的能动性对立起来,不认为这两者之间是不能共存的。

但是,很多西方思想家会问这样的问题:既然一切都是命运的安排,个人怎么可能有自由?既然上天可以赏善罚恶,那还需要人间的道德评价吗?既然历史规律是不可抗拒的,为什么还需要千千万万的人去为它奋斗、牺牲?这不是自相矛盾的吗?的确,在西方思想家看来不可调和的两个方面,在中国人的头脑中却能和睦相安,这或许也是中国与西方的差异之一吧!

萨特否定一切形式的决定论的立场正是西方的理论立场的一个突出代表。萨特说:"假如存在确实是先于本质,那么就无法用一个定型的现成的人性来说明人的行动,换言之,不容有决定论。人是自由的,人就是自由。"①萨特从人的存在先于人的本质的基本命题出发,否定任何形式的决定论,不论是基督教的上帝还是马克思主义的历史规律,认为承认决定论就否定了人的自由,要充分肯定人的自由就必须否定各种形式的决定论。

彻底否定决定论是西方自由理论发展过程中的重要一派。对于这一派的观点,曾长期在牛津大学执教的柏林有更为透彻的阐发。他说:"迄今为止,人类尚未找到可以证明彻底决定论的证据。假如执意将决定论当作一种理论来相信,那一定是因为受到某种科学主义的理想或形上思想的诱惑,否则,

---

① 《存在主义是一种人道主义》,见《存在主义哲学》,第 342 页。

就是因为一心想要改变社会现况的人物,比较容易相信天命应在他们身上。"[1]过分强调客观必然性的理论家,的确希望在人类社会历史中发现化学定理或物理定律那样的东西,以便真正掌握人类自己的命运。这种渴望也的确与彻底改造整个世界的愿望相联系,但往往可能从美好的理想与坚定的信仰出发,把人类引向灾难。

柏林的理论与萨特也有同声相应之处。他说:"某些现代存在主义者,也以奇特的方式宣称个人的抉择最关重要。……其中态度比较严肃的人士,坚持人的自主性(human autonomy),……这至少显示出一种相当可观的智性力量:它看穿了那些能够解释一切事物、能够为一切事物辩白,声言要把人文学科纳入自然科学,以找出一个包含万有之统一图式的'神义论'(theodicy),只是虚矫自负的论调。"[2]柏林和萨特的立场颇能代表现代西方自由理论的主流观点,这就是反对任何形式的决定论,坚持人的自主性的自由。萨特是作为哲学家、从存在主义的立场阐发这一观点的,而柏林是作为史学家、从自由主义的立场出发坚持这一论点的。

柏林教授的自由理论在西方有相当广泛的影响,因而也引起了广泛的辩论,许多学者批评他否定各种决定论的立场,对此

---

[1] 以赛亚·柏林:《自由四论》,陈晓林译,台湾联经出版事业公司,1986年版,第218页。
[2] 以赛亚·柏林:《自由四论》,第219页。

他解释道:"我不曾否认,也不曾认为,原则上某种形式的决定论在逻辑上可能是一种解释人类行为的正确理论——虽然只是在原则上如此;当然我更不认为,我已经驳倒了决定论。我唯一的论点是:决定论的信念,和深深根植在一般人或历史家言语和思想中的信念,是不能兼容的,至少在西方世界中是如此。"①柏林强调,相信决定论的人也一直在对人物、事件进行道德判断,而道德判断或批评的前提条件就是要相信人是有选择的自由的,而这一前提和决定论相信人的行为是由某些人所不觉察的心理因素或外在力量所决定的相冲突。柏林的出发点是信仰决定论的人言行不一,这说明决定论的立场有悖于每个人的实际立场和事实上所使用的语言和思维方式,如果要采取决定论的立场,那么现有的思想和语言习惯都必须有重大的转变。他说:一方面主张所有事件的现况,完全是由其他事件所决定的;另一方面却又主张:人类至少可以自由地在两条可能的行为途径中作一选择,这意味着人类并不是受他们所不能控制的外力支配而作选择的;这两方面是明显的矛盾。② 因此,从理论与实际相统一的原则出发,或者我们放弃人类有选择自由的理论,因而也放弃任何道德批评,或者我们放弃决定论的立场。当然,柏林教授是从历史事实出发而主张放弃决定论的。

柏林教授说他主张的是理论与实际的统一,但实际上他主

---

① 以赛亚·柏林:《自由四论》,第25页。
② 以赛亚·柏林:《自由四论》,第4页。

张的却是理论与逻辑上的彻底和统一,是一种纯学术的立场,而不是着重事实、从现实出发的。中国人恰恰缺乏这种纯学术的探讨,而惯于从已有的事实和现实的需要出发,因而很少感到决定论、命定论和道德责任有什么矛盾。这的确是中国传统中的不足之处。不过,我却不因为自惭形秽而打算放弃自己的立场。我现在认为,我们应该更严肃地探讨是哪些因素、以什么方式、在什么范围和什么程度上决定着个人的以及群体的生活方式、思维方式和行为方式。在这方面,生理学、心理学、人类学、社会学、历史学、哲学都已经有了一些发现或解释,我们当然没有理由说这些发现和解释是毫无意义的编造。

在批判历史决定论的幻觉时,柏林指出:"人类最深刻的一种欲望,即是要寻找一个统一的模式,把人类的全部经验,包括过去的、目前的、未来的,实在的、可能的,以及未实现的,都匀称地排列在里面。"[1]柏林对这种追求统一模式的欲望的批评是针对历史决定论的,但是,如果彻底否定了各种形式的决定论,只剩下了个人自由选择的权利和机会,不是也有可能陷入另一种统一的模式之中吗?萨特的"存在先于本质"不也类似于一种统一的模式吗?虽然这种统一模式的覆盖面没有历史决定论那么广泛,但思想方法不是也有某些相似之处吗?

在我看来,我们大可以不相信上帝或真主阿拉,但是我们很

---

[1] 以赛亚·柏林:《自由四论》,第209页。

难彻底抛弃一切形式的决定论,很难相信人有绝对的选择的机会。人一方面的确受着内在的或外在的许多因素决定,另一方面人也有着一定程度的选择的机会和决定的自由。这二者的关系不是不可共存的。谁都无法否认,个人或群体乃至全人类在很多情况下都是受某种外在的,包括在人体内而不为人所知的因素所决定的,不管我们把这些东西称为天意还是称为上帝的安排,还是称为物质运动的规律,或是称为必然,事实都是一样的。但是这些人的意识之外的决定性因素,从来也不能控制人的每一思每一念,从来也不是只留给人们一条出路,——即使只剩下一条出路,人类还是可以决定接受还是放弃这一出路。沙漠的条件决定人们不可能种水果、栽水稻,但人们还是可以决定逃离沙漠还是改造沙漠;穷人的孩子比富人的孩子要少很多机会,但他还是可以选择改变自己的处境,而且也毕竟有不少人成功了;地震是人力无法抵御的灾难,但地震之后,人们也还是可以决定是援救伤亡者还是趁火打劫;就连男欢女爱这样的事都有荷尔蒙及其他化学物质的"幕后导演",但男男女女还是有可能决定在什么时间、与什么人、以什么方式寻欢作乐,更有人干脆选择独身主义,过修道院的生活。……我们实在看不出来,为什么我们不能在承认某种外在的决定因素的同时,肯定人仍然有一定程度的选择的自由。

个人选择的自由与外在的决定性因素之间的关系是错综复杂的,可能是相反的、冲突的,也可能是一致的,也可能是中性的。一般说来,外在的决定因素大致地决定了一个人的人生舞台在哪里、有多大,但是仍然有人跳出了既定的属于他的土地,到了另外的国度里去生活;也有人跳出了似乎命定的生活范围,上升或坠落到另外的社会层次。即使多数人生于斯,长于斯,外在的决定因素也不像提演木偶的表演者一样操纵着人生的每一个脚步,每一句台词。总之,在外在的决定因素与个人的选择与实际境遇之间有一个中间地带,这一中间地带就是人类自我选择、设计的活动空间,这一空间或大或小,但总是存在的,因而人类对自己的行为就要承担一定的责任,而不能把一切都推给环境的决定。

总之,宇宙中既不存在决定人类一切言行的必然性或神意,也不存在毫无限制的选择的自由。人一生到这个世界中,就只能在一定的自然环境和社会环境中生活,外在的环境既是他活动的局限,又是他表演的舞台。每个人都不能把自己的一生托付或归咎于外在的必然,也不能奢望毫无限制的自由。我们与其在有没有必然或有没有绝对自由的两个极端的理论中间争论下去,不如实际探讨到底有哪些外在的因素,以什么方式、在什么程度上决定了人的存在或"自我设计",而个人又在多大范围内可以有选择的余地。换言之,我们应该把两极化的辩论抛开,进行两极之间的"量"的或程度的考察和分析。用传统的语言来说,就是去探索"尽人事"的程度和"听天命"的范围。我不能完全赞同萨特和柏林,或许因为归根结底我是中国人吧。

自 由 之 义

"自由就是能够不受阻碍地实现个人的愿望",这是自由一词最普通的意涵。柏林对自由的这种定义作了深入剖析。他说,如果从消极的方面来讲,自由只是不让别人阻止自己的愿望实现的话,那么,灭绝愿望也将可以算是达成这种自由的一个途径。"我可以不去抗拒,或移除加诸我身上的压力,而将它们予以'内外'(internalize)。""我可以漠视障碍的存在,忘记它们,'超越'它们,不去意识到它们,从而获得和平与安静;我可以凭着崇高的精神,对困扰着别人的恐惧和怨恨,保持一种超然的距离,从某种意义而言,这也确是一种自由,但却不是我所说的自由。"[①]柏林这里所批评的恰恰是庄子式的自由,只是没有庄子式的逍遥游的内在体验。

柏林所说的自由更侧重于人的基本权利。"我们教导一个人说,当他无法获得他所要的东西时,他就应当学着去只想要那些可以得到的东西,很清楚地,这样可能会增进他个人的幸福或安全;但是,如此做法却无法增进他的人权自由或政治自由。我所说的自由,不仅意谓'免于挫折'(absence of frustration)的意思,因为灭绝欲望即可以做到这一点,而且还含有'可能的选择

[①] 以赛亚・柏林:《自由四论》,第38—39页。

与活动不被阻碍的意涵'。""终极说来,这一类的自由,并不决定于我是否想要去行走,或者走多远,而是在于,有多少途径是开放的?开放的程度如何?""我的社会自由和政治自由的程度,不仅取决于我的实际选择不受阻碍的程度,而且也取决于我的'可能的选择'(potential choices),即取决于如果我选择如此做的话,我在从事这一行为时,不受阻碍的程度。"①柏林所要的既不是庄子式的泯灭欲望的自由,也不是萨特式的仅在内心说个"不"字的自由,他要的是现实的人权,是社会自由和政治自由,这种自由正是中国人讨论最少的。

柏林还指出,一些学者"主张真正的自由就是全部的整合的人格所作的自发而理性的活动",他是不赞成这种主张的,因为这种主张是把自由的"活动"当成了自由,使自由一词涵盖了太广泛的内容;同时它也掩盖并冲淡了一个中心问题,即"行动的权利与自由"(the right and freedom to act),而这却正是人类在整个历史上,不断争论,甚至不断为其作战的问题。②

那么,什么是柏林所要求的自由呢?"我所说的自由,是'行动的机会',而不是行动本身。如果我很喜欢从开敞的门户走过去,但是我不这么做,而宁可在家静坐,饱食终日,如此,我并不会变得较不自由。自由其实是行动的机会,而不是行动本身,是行

---

① 以赛亚·柏林:《自由四论》,第40—41页。
② 以赛亚·柏林:《自由四论》,第44、45页。

动可能性,而不必然是行动的动态实现(dynamic realization)。"[1]在我们看来,把自由看作行动的机会和权利比看作行动本身更为严谨,也更有实际意义。在这方面,柏林是高人一等的。

柏林还特别提出了两种自由的概念,即从肯定方面定义的自由和从否定方面定义的自由。从肯定方面定义的自由被称为"积极的"(positive)自由,从否定方面定义的自由被称为"消极的"(negative)自由。从肯定方面定义的自由,源自个人想要成为自己的主人的期望。我希望我的生活与选择能够由我本身来决定,而不取决于任何外界的力量。我希望成为我自己的意志,而不是别人意志的工具。我希望成为主体,而不是他人行为的对象。我希望我的行为出于我自己的理性、有意识之目的,而不是出于外来的原因。[2]总之,这是回答谁是主宰者,我能不能自作主宰的问题。柏林说,这种积极的自由和以下这个问题的答案有关。"什么东西或什么人有权控制和干涉,从而决定某人应该去做这件事,成为这种人,而不应该去做另一件事,成为另一种人?"[3]显然,能够做决定的主动的一方是自由的,被决定的一方是不自由的。

从否定方面定义的自由,源自人类不愿被人束缚强制的愿望。只有在没有其他人或群体干涉我的行动的情况下我才是自

---

[1] 以赛亚·柏林:《自由四论》,第44页,译文略有变动。
[2] 以赛亚·柏林:《自由四论》,第241页。
[3] 以赛亚·柏林:《自由四论》,第230页。

由的。一个人没有能力行动,不能算是被剥夺了自由,这一点是有争议的。但是一个人有能力行动却因别人的限制而不能行动则显然是被剥夺了自由的,这一点是没有争议的。所谓消极的自由就是要明确一个不被干涉的范围,这和对下面一个问题的回答有关:"在什么样的程度以内,某一个主体(一个人或一群人)可以或应当被容许做他所能做的事,或成为他所能成为的角色,而不受到别人的干涉?"[①]在这个不受干涉的范围内,他是自由的;逾出了这个范围就有可能是不自由的。显然,对每一个人来说,知道这个范围是很重要的,是一个人能不能享受自由的基本条件。

简单地说,积极的自由回答的是"谁来支配我",是我在支配我自己,还是别人在支配我?消极的自由回答的是"我在多大范围内被支配",我可以不可以有一个不被支配的领地?柏林的这种区分引起许多争议,有人认为这种区分是多余的、夸张的。柏林回答说:不论从历史的角度,或从概念的角度来看,也不论是在理论上,或是在实际上,这都仍然是一个核心问题。所谓"积极的"和"消极的"自由,在逻辑出发点上,并没有很大的差别。"谁是主人"以及"我在什么范围以内是主人"这两个问题本不能完全分开。我希望能够为我自己作决定,别人不论如何聪明睿智,如何具有善意,我也不愿意接受他们的指使;我的行为是我

[①] 以赛亚·柏林:《自由四论》,第229—230页。

自己的行为,而不是别人强迫我去做的行为,仅由这一事实,就足以使我的行为产生一种不可替代的价值。然而,我不是自给自足的,我在社会上也不是无所不能的。我不能排除我的所有同胞对我能构成的障碍。假如我不愿意在每一方面都依赖别人的话,我就必须拥有某一个小范围,在这个范围里面,我不受到别人的任意干扰,也可以获得永远不受干扰的保证。如此,就产生了以下这个问题,即我是主人或应该成为主人的范围有多大?我的论点是:从历史的角度看,积极自由的观念,即是对于"谁是主人"这个问题的回答;而消极自由的观念,则是对于"我作为主人的范围有多大"这个问题的回答。两者并不一样。[①]

柏林的两种自由的概念并没有最终解决人类关于自由探讨的全部问题,事实上,也没有人可以做到这一点。但是他关于两种自由概念的理论的确大大深化了我们对于自由问题的认识,他在这方面所作的纯理论的或现实的思考都是很有挑战性和启发性的,只是在这篇短短的后记中,我们不可能更深入地介绍讨论他的学说了。

在这本小书和后记中,我们主要涉及了四种自由:庄子的纯精神的逍遥式的自由,萨特的纯意志的选择式的自由,马克思主义的实现目的的自由,以及柏林的强调自主行动的可能性的自由。四种自由仍不能涵盖人类对自由的多姿多彩的追求,也

[①] 以赛亚·柏林:《自由四论》,第 45—46 页。行文有删节改动。

无法穷尽人类对自由的理论的探求,但它们都是哲人智慧的结晶,是人类探求自由之径的铺路石,是值得我们珍惜、体味与借鉴的。

自由是美好的,自由是人类的一种永恒的价值。但是经历过人生之沧桑之后,自由已不是年轻人心中的富于诗意的明月。不同的自由之间会有冲突,不同人之间的自由会有冲突,自由与人类的其他价值之间会有冲突,实现自由的道路坎坷崎岖,我们不应再对自由抱有天真烂漫的情怀。但是,这绝不意味着我们应该放弃对自由的追求,因为放弃对自由的追求也就意味着放弃人生的尊严与价值。

一位作家曾经说过这样的话:文明人之所以不同于野蛮人在于文明人既了解他的信念的真确性(validity)是相对的,而又能够果敢地维护那些信念。[①] 我非常赞同这种观点。我想说的是,一个人及一个群体成熟的标志就在于他们能看到自由的概念的复杂性和实现自由的艰巨性,而又不松懈自己的努力,能够以韧性的精神、甘于默默无闻地、一点一滴去探索自由的奥秘和争取自由的实现。

刘笑敢
一九九三年十二月于新加坡国立大学

[①] 以赛亚·柏林:《自由四论》,第295页。

附　记

这本小书是对庄子与萨特一般思想和自由观的鸟瞰式比较研究,着眼点在庄子与萨特思想中明显相通之处与不同之处,从而启发我们思考在现代社会如何追求自由的问题。为此,本书略去了庄子思想体系的复杂性和萨特思想曲折变化的内容。用傅伟勋教授的话来说,这种写法只涉及早年的萨特或者说作为存在主义的萨特,没有涉及五〇年代接受了马克思主义影响的萨特。在本书出版时我没有按照朋友的建议补充萨特后期思想变化的内容。这是出于以下一些考虑:首先,这本小册子本是一九八五年应北京三联书店之约而作的,写成后因故而一再延宕出版,现在不作重要修改,有保留历史本来面目的意义,也是本人学习研究过程的一个记录。其次,本书不仅依据萨特早年作品,而且也引用了他晚年自述等资料。从我所见到的萨特晚年回忆来看,他并没有真正坚持他在五〇年代曾经接受过的马克思主义立场。比如,他评价六〇年代的法国学生运动时说,他们什么也不要求,这就是说他们要求一切,就是要求自由。由此看来,他似乎已放弃了所谓的社会责任或人类责任的马克思主义观点。单从与庄子比较的角度来看,略去他在五〇年代的思想曲折似乎没有什么大问题。另外,本书的结构是庄子与萨特的逐项对比,如果单独处理萨特思想的演变,在结构上颇有困难,很可能牵一发而动全身。当然,这些只是我的实际考虑,并不是说萨特思想没有演变或他的思想演变完全不重要。如果今后有较充裕的时间,我也许会对萨特思想的曲折之处作更深入的研究和探索。写下这些考虑是希望读者不至于误会本书写的就是庄子和萨特的全部思想。

写到此,不禁想起一件事。陈鼓应先生出版过不少有关老子和庄子的书,翻译过存在主义的著作,也作过庄子与尼采的比较,但他就是不作老庄与存在主义的比较,我问他为什么,他说,存在主义的书实在太多,看不完。听了他的话,我不禁有些脸红。和他相比,我是有点"初生之犊不畏虎"的味道,一上来就作了庄子与萨特的比较研究。从那以后,每谈到比较研究或存在主义,我就多了几分怯意。单讲庄子,已经够难,冯友兰自认为很喜欢庄子,也坦承只能读通《庄子》的百分之八十。萨特思想之复杂与曲折,著作之多与晦涩更令人望而生畏。要把他们都研究通再作比较,谈何容易?这本小书已经提纲挈领,抓住了要害,似乎也可聊以自慰了。

然而，不仅学无止境，而且思无止境、悟无止境。这本小册子基本上还是在学与思的阶段。本书"后记"中已有一些"悟"的味道，但离大彻大悟还有距离。借用傅先生的说法，这本书还是"学问的生命"，还没有到"生命的学问"。对于庄子超脱一切世俗价值的终极关怀，不仅要学、要思，更要体、要悟。这就要超出做学问的境界，进入做人的阶段，达到脱俗的境域，这是需要终生努力的目标。在本书即将出版之际，写下这些书外话，与读者朋友交流共勉。

一九九四年六月

再版后记

本书出版的曲折和磨砺在原版后记中已有粗略回忆,现在,本书有了再版的机会,这让我无限欣慰,充满感恩之情。

本书的起源是二十世纪八十年代一篇关于道家与存在主义相比较的长文,能够出书则缘于海内外一些有心的出版家的青睐。文章讨论的主题在于庄子有关逍遥和自由的理论,及其与西方存在主义的简略比较。

文章已经老旧,但人类对于自由的向往和追求的热情似乎不会老去或熄灭。书籍、文章可以一改再改,但议题就是一个,那就是如何实现和拓展我们人类的自由天地。

自由是衡量人类生命状态或质量的一个最基本的元素。古今中外始终有无数文人、作家、历史学家、理论家记载和推动着人类不断走向自由的脚步。显然,自由的实现归根结底需要无数人的实践和努力,本书的再版只是希望给这种不断走向自由的努力增添一滴水或一朵浪花。微则微矣,但人类社会的发展进步在大风大浪之间也需要和风细雨的追求与点滴的改善。

因此,本书不求显著的效果,唯愿对国家、对人类社会的改善有微薄裨益。为此目的,笔者也衷心欢迎各种补充、评论、批评、切磋和讨论。在此,笔者提前向愿意参加讨论与赐教的读者朋友致以敬意和感谢。

二〇二五年三月